24時間すべてを自分のために使う

TIME

池田貴将 Ikeda Takamasa

タイムマネジメント大全

大和書房

知っているだけで、時間の使い方が
劇的に変わる！

- □ プライベート時間を1日5時間つくる
- □ 朝時間をサンクチュアリにする
- □ スヌーズを使わずホルモンを利用して起きる
- □ 「15分タスクリスト」で隙間時間をムダにしない
- □ 「心拍数」で集中力をコントロールする
- □ ゲーム化すると脳は喜んで仕事する
- □ 週末は「リフレッシュ予定」と「インプット予定」で充実する
- □ 「手仕事」で時間の密度を濃くする
- □ スマホの通知をオフにする
- □ 午後のリセット散歩で脳をまわす

など、今すぐできるメソッドだけを紹介！

はじめに

タイムマネジメントとは「未来をデザインする」こと

2020年3月にWHOが「新型コロナウイルス」についてパンデミックを宣言して、「日常」が変わりました。

今までは「短い時間でいかにたくさん仕事をこなすか」がタイムマネジメントの基本でした。

でも、外出自粛が言い渡され、家で過ごす時間が増えるにしたがって多くの人が問い直したのが次のこと。

「今の生き方をいつまで続けるんだろうか?」

ワークライフバランスについてはこれまでも課題とされてきましたし、多くの企業で「働き方改革」が行われたと思います。でも、実際にどれだけの人の生活が変わったでしょうか。

　ほとんどの人は、働き方改革の後でも、変わりない日常を忙しく過ごしていたと思います。すなわち仕事で疲れきってしまい、自分のための時間もエネルギーも残っていなかったのです。

　でも、コロナウイルスによって外出できない生活がスタートしたとき、ようやく誰もが一人の時間のなかで、強制的に自分と向き合わざるを得なくなりました。

そして、一番大切な問いと向き合うことになったのです。

「自分の人生は、本当に仕事だけでいいのだろうか?」

「やりたいと思っていることをやっているだろうか?」

世界中の研究から有効なものだけを厳選

本書は、改めて自分の人生を見直したいと思った人に役立ててもらおうと書きました。

心理学、生理学、神経科学、行動経済学など、世界中の論文や研究から選び抜いた、幸福度を上げる「科学的根拠のあるアイデア」だけを集めています。

どこのページからでも、気になった項目から読んでみてください。

幸福感や充実感の理由を科学的に解明し、だまされやすい脳の仕組みを解説し、苦手なことにも素早くとりかかれるようなトリガーを紹介しながら、ご自身で望み通りのタイムマネジメントができるようになっています。

時間の使い方を変えることは、生き方を変えること

本気で人生を変えたいと思ったら、まずは時間の使い方を変えなければなりません。

マネジメントの父、ピーター・ドラッカーは「汝の時間を知れ」と言っています。時間の使い方を把握することは、何よりも「自分を知る」ことにつながります。

1日の大半を動画を見て過ごしてしまったり、土日に家を出ないでダラダラと過ごしていたら、1年後に違う自分になっていることはありません。

自分が一体何にどれだけの時間を使っているのかを知ってはじめて、「このままの時間の使い方じゃダメだ!」と気づけます。

そして、そう気づいたときに、私たちはようやく「新しい人生のスタートライン」に立つことができるのです。

これまでのタイムマネジメントとこれからのタイムマネジメントは根本的に別のものになります。

以前のように、「短い時間でたくさんの仕事をする」のではなく、「どれだけ精神的に満たされた時間を長く過ごせるか」が大切になるからです。

本書は、読者の皆さんに3つのことをお約束します。

どこから読んでも
大丈夫です。

効果的なアイデアだけに
絞りこんでいます。

読んだ瞬間から使える
テクニックだけを
紹介します。

明日が楽しみになる
毎日を生きる

返信していない未読メールや机にたまった書類は目に見えます。処理し終わると達成感が得られます。だから多くの人はメールに返信したり、書類の山を減らす仕事に没頭し、達成感を得ようとしがちです。

でも本当は、「目に見えず、自分しか答えを知らない幸せな人生」に向かって、時間をデザインしていかなくてはならないのです。

本書のゴールは、「ベッドから毎朝飛び起きたくなる人生を過ごすこと」です。

あなたが毎日を幸せに過ごしているかどうかは、あなたのスケジュール帳を開けばわかります。

本書を読んでくださった方の「明日」が楽しみになりますように。

24時間すべてを自分のために使う
タイムマネジメント大全

目次

第2章　時間をデザインする

第3章 時間を縮める

第1章

時間を可視化する

1日のうち自分の「プライベート時間」が何時間あるか知っていますか?
その時間を増やし、「本当にやりたいこと」に使うための方法を紹介します。

ムダな時間を知る

　生き方を変えるには、自分が「何に」「どのくらい」時間を使っているかを知る必要があります。「はじめに」で紹介した、マネジメントの父、ピーター・ドラッカーの「汝の時間を知れ」という言葉にもある通り、**まずは自分の時間の使い方を可視化することから始めましょう**。

時間を記録することのメリット

「忙しかったという実感があるのに肝心のタスクが終わっていない」とか「自分の時間がまるでなかった」ということが起きるのは、自分の時間が何に消えているのかがわからないから。

　そのため、まずは自分の時間の使い方を記録し、分析するところから始めましょう。時間を記録することで、次のようなことがわかります。

→ 自分の時間グセがわかる

　南カリフォルニア大学の心理学教授、ウェンディ・ウッド氏によれば、**人の行動のうち60%は無自覚だそうです**。60%が無自覚ということは、1日の半分以上は自分でも何をしているのかがわかっていないのですから、記録しない限り見えてこないでしょう。

逆にそこを自覚できれば、どれだけ時間が増えるか、そしてどこの時間の使い方を変えれば充実した人生になるかを見直す余地が大いに出てきます。

→予定外で入る行動がわかる

どういうときにスケジュールが変わってしまうのかを把握することで、予想が立てられるようになります。

デキる人の条件は「予想を立てるのが上手」なこと。一方、言われたことをその場で処理しているだけだと、その場はしのげても、また次に似たようなことがあったときに同じパターンにハマってしまいます。

昼食後にダラダラしがち、とか経理に行くと別の仕事を頼まれがち、とか起きやすいパターンが見えるはず。自分の人生のコントロール感をアップするためにも、予想上手になりましょう。

→作業にかかる時間がわかる

時間を記録してみないと想像以上に時間がかかっていることを見逃してしまいます。

僕も時間を記録してみて「30分でやっているはず」だと思っていたものが「1時間」かかっていたことがわかって驚いたことがありました。

また「メールを1通書く」だけなのに、40分かかっていたりすると、「これはやり方を見直さなければいけないのではないか？」と改善のアイデアが出せます。
ときには後で見返すと「トイレ休憩」に30分かかっていたりもして、途中で別のことをしていたな、ということもよくわかります。

時間の使い方が下手だと感じてしまうのは、時間管理の方法を知らないからという以前に、自分がどういうふうに時間を使っていて、ムダや改善点がどこにあるのかを知らないからです。まずはそこからスタートしましょう。

自分の24時間を把握する

最初に取り組むべきは、**1週間の自分の生活を記録すること**です。「仕事」「食事」「睡眠」「読書」「YouTube」「ゲーム」など、簡単でいいので、自分が1日のうちに「何に」「どのくらい」の時間を使っているのか可視化してみましょう。
人生は毎日の積み重ねです。自分がやりたいと思っていることに本当に時間を使えているのか、また大して好きでもないことに膨大な時間を吸い取られていないかを理解することがスタートラインです。
ちょこちょこ記録しなくてはならないので、面倒に感じたり、怠惰な自分に気づいて嫌な気持ちになることもあるかもしれませんが、できるだけ正確に記録してみましょう。すべてはそこから始まります。

手段1　Twitterを使う

非公開アカウントをつくり、自分のこなした予定をどんどん書いていくと、タイムラインでそのまま把握できます。

難点は、1日の時間の使い方を24時間の割合で把握するためには、自分で計算する必要があることです。たとえば8時間労働なら、1日の3分の1を仕事に使っていることになります。

手段2　Webカレンダーを使う

Twitterと同じようにスケジュールをWebカレンダーに書き込みます。

1日書き終えるとバーティカル（縦型）に時間の使い方が見えるようになりますし、後から振り返ってムダだったと思われる項目を色分けすれば、来週からはこの時間はこう使おう、など作戦を立てられるようになります。自分でExcelのカレンダーをつくってみてもいいと思います。

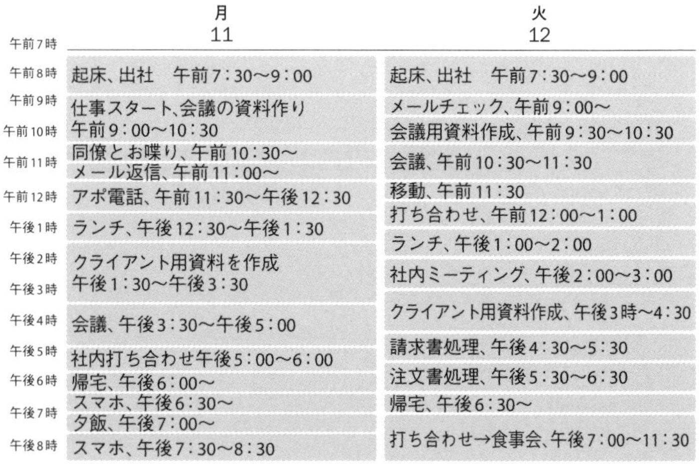

手段3　アプリを使う

同じように、過ごした時間をアプリに記録します。家計簿のように時間簿をつけるイメージで記入します。面倒くさがりの人は、こちらの方が向いているかもしれません。

アプリによっては1日の時間の割合を円グラフや棒グラフで見せてくれるものもあり、何にどれだけ時間を使ったかがわかりやすく見られるようになります。

難点は、自由な書き込み欄がないものが多いため、あらかじめ設定した項目しか書けず、イレギュラーな記録ができないことですが、時間の使い方を大枠でとらえるには充分です。

2021/1/13（水）

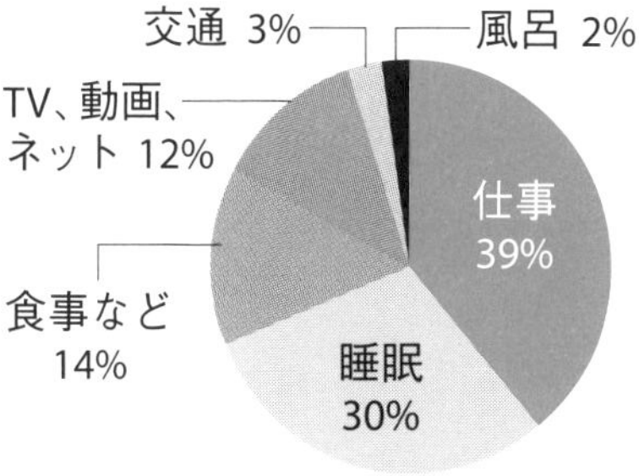

9：10…39%　仕事
7：10…30%　睡眠
3：25…14%　食事など
2：55…12%　TV、動画、ネット
0：45…3%　交通
0：30…2%　風呂
0：05…0%　その他

Recommend!

おすすめ無料アプリ

Toggl Track … Android 版、iOS 版とそろっている時間管理アプリ。スタート時に項目をタップするとタイマーが起動し、やめるときにもう一度タップすれば止まるので、とにかく記録がラクです（項目名は変更可能）。自分の記録がタイムラインで色分けされて見られるので、わかりやすいです。

MyStats … 5 分刻みから時間内容を記入できるアプリで、書き忘れた場合、過去にさかのぼって記録をつけるのがラクな仕様になっています。円グラフでも棒グラフでも変換して見られ、とくに円グラフは 24 時間ベースなので、1 日の時間の割合を視認できるのが非常にわかりやすいです。時間のほかにも体重や筋トレなどの目標管理も折れ線グラフで管理できます。iOS のみの対応です。

手段4　手書きで記録する

手帳でスケジュール管理をしている人におすすめです。

1日単位でバーティカル型（縦型）になっている手帳を選べば、**その都度自由に書き込むことができますし、どんなイレギュラーなことも書けます。**

最終的に自分で計算しなくては24時間の割合はわかりませんが、あとで色を項目ごとに分けてみると、俯瞰で時間の使い方がザックリとわかります。

記録する時間の単位は15～30分がおすすめ

Twitterの場合は好きな時間に記録できますが、手帳やWebカレンダーは基本的に時間の単位が区切られていると思います。一番おすすめなのは、15～30分単位で記録することです。

人間が「いかに集中力がもたない生き物」かよくわかります。気づくとネットサーフィンや動画視聴に陥っていることがしばしばあるんですよね。こういったことも、正直に記録することで気づくことができますよ。

ただ記録するだけで、自然と時間の過ごし方に意識的になれるのも、いいところです。

もちろんアプリや手帳の設計上難しい場合は、1時間単位で記録してもOKです。頑張って1週間くらい続ければ、だいたい自分の時間の使い方がわかるようになります。

Point!

ただし注意してほしいのは「記録そのものを目的化しないこと」です。過剰な記録主義になってしまうと、ときには事実よりも数字の方が大切だと感じるようになってしまう恐れがあります。

朝早くふっと目が覚めたとき、気分はスッキリしているにもかかわらず、「あ、今日は6時間しか寝ていないのに起きてしまった！　これでは睡眠が足りない！」というように「身体の感覚」ではなく「記録の数字」の方を信じるようになってしまうのです。これでは本末転倒ですから、あくまで時間管理の手段ととらえてくださいね。

とはいえ、記録を習慣にすることで時間の使い方に意識的にはなれます。僕は後で振り返って、「あれ、2時間も何してたんだっけ?」と思うようなことはなくなりました。

時計を見ることにも意識的になりますよ。

時間をラベリングする

1週間記録をつけてみて、どうでしたか？

思っていたより仕事の時間が多すぎると感じたり、自分がやりたいことに時間を使えていないことに気づいた、という方が多いのではないかと思います。

ここでは、振り返って時間をラベリングし、改善点を探しましょう。

プライベート時間を計算する

ここで注目すべきは、**1日のうちで自分が自由に使える時間を把握すること**です。多くの人は、朝でかけてから（または仕事をスタートしてから）仕事が終わるまでは、昼食の時間も含めてプライベートな時間はとれていないと思います。

ですから、24時間から仕事関係の時間を引いて、睡眠も食事も含めて自分が自由に使っているのは何時間なのか計算してみましょう。

また曜日によって特定の予定が必ず入ったり、残業がない日などもあると思います。そうした予定も改めて把握しておくと、後々のスケジューリングで便利になります。

→「あと何時間増やせるか？」を考える

2021年1月現在のOECD（経済協力開発機構）のワークライフバランスについての調査では、世界40か国のプライベート時間の平均は1日15時間（睡眠や食事を含む）ですが、日本の平均は14時間でした。逆に日本人は40か国中トップ5の労働時間の長さになっていて、**プライベートや健康のために使える時間は40か国中35位の少なさ**です。そのため、生活に対する満足度についても、OECD平均の6.5/10よりも低い、5.9の評価をしています。でも、時間の使い方を変えることで、これらは変えていくことができます。

僕の考える理想のスケジュールは、朝8時から14時まで仕事をフルスロットルで終え、**残りの18時間をプライベート時間として過ごすこと**です。

あなたはどうですか？

会社の就業時間が決まっている人も多いと思いますが、その最低限の時間を抜いたら何時間とれるか計算してみましょう。

会社が8時間を最低労働としていたら、1日のうち16時間はプライベートにあてられるはずです。リモートワークが進んだ会社では、もっととれるかもしれません。

時間を3種類に分ける

充実した人生には、プライベート時間を長く確保するだけでなく「いい使い方」をすることも大切です。

ここでプライベート時間を3種類に分類してみましょう。

・睡眠、食事、身支度などの必要時間
・趣味や勉強、ジムでエクササイズなど能動的に過ごす時間
・NETFLIXやYouTubeなどの動画視聴やSNS、ゲームなど受動的に過ごす時間

これらを、赤、青、黄などで色分けしてみましょう。あなたは、何にどれくらい時間をかけていたでしょうか？

バランスとしては、基本的には**睡眠や食事などの必要時間に9～11時間、趣味など能動的に使う時間に3～5時間割くといいでしょう。**

受動的な時間は、1時間以内だとベストです。

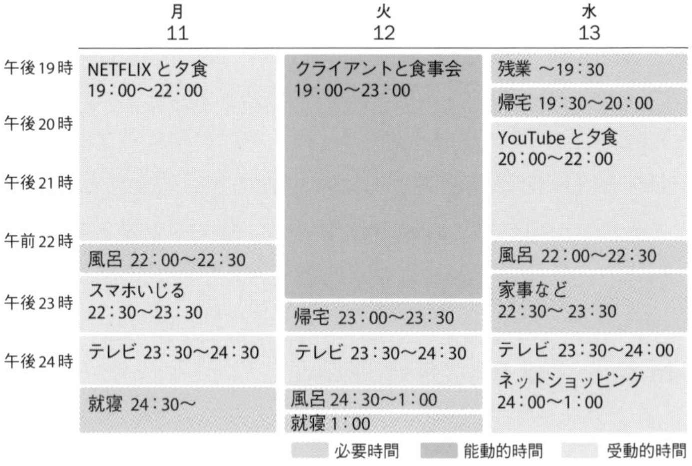

逆に、**受動的な時間の使い方が1日のうち2時間以上あっ**

た場合は、改善が必要かもしれません。

もちろん目的があってSNSを見ていたり、趣味として動画を見ている場合はいいのです。リラクゼーションの時間としてゲームをするのも大賛成です。その場合は、動画を見る時間もゲームをする時間も「受動的な時間」ではなく「能動的な時間」としてカウントしてください。

ただし、こうしたアプリやゲームは、脳が次々に見たくなるような反応を起こすようにつくられています。

NETFLIXの調査では、61%の人が一度見始めると2～6話を一度に見ている、という結果になりました。

また、NBC Newsは、動画を連続視聴しているときの脳は、ドラッグ中毒者と同じ状態になっていると告げています。

つまり、目的があって見始めたはずが、いつのまにかとくに見ようと思っていなかったものまで見て、結果的に受動的な時間が長くなってしまうのが問題なのです。1話だけ見ようと思ったドラマやアニメを1話で終えられずに何時間も吸い込まれてしまったような経験は、誰にでもあるはずです。

これらは脳の性質を利用してつくられた仕組みですから、意志の力では勝てません。相手は、何百億ドルもの資金を投入されて、シリコンバレーの天才たちが生み出したシステムです。こちらも、このサイクルにはまらないような仕組みをつくらなくてはなりません。

動画やネットニュースなどに時間を持っていかれがちな人は、ぜひ次のページの手順を試してみてください。

時間を可視化する

受動的な時間を減らす

はっと気づくと「もうこんな時間！」となるものの1つに、SNSやYouTubeがあると思います。ページを開くと、さまざまな人が最新のものにチャレンジしていたり、新しくできたサービスを紹介していて、自分も世の中の流れを知っておかなくてはという気になり、どんどんスクロールしてしまったり、画面に表れるリンクを次々とクリックしてしまうのです。

ランダムな報酬という罠

心理学者のマイケル・ゼイラー氏によれば、**脳は決まったパターンで与えられる報酬よりも、予期しないパターンで報酬を与えられた方が喜びが大きくなるという特性があります。**

ゼイラー氏は、ボタンを押すとエサが出る箱を用意してハトを入れ、「ボタンを押したときにエサが出る確率」を変動させるという実験を行いました。

その結果、エサが出る確率が50～70％のとき、つまり10回中3～5回はボタンを押してもエサが出てこないとき、ハトはもっとも熱心にボタンを押したというのです。

これはギャンブルと同じで、**たまに当たるから、より強く興味を惹かれてしまうこと**を表しています。

さまざまな記事のリンクをクリックしても、全部が面白かったり、有益であるわけではありません。でも、たまに面白かったり、「へえ！」という驚きのある記事に当たるからこそ、私たちはネットサーフィンをやめられなくなってしまうのでしょう。YouTube も同じ理由で次々と見続けてしまうと考えられます。

しかし研究によれば、**同じ娯楽の時間であっても、目的意識のないまま過ぎてしまう受動的な時間は、能動的に楽しもうとする時間に比べて幸福感が下がるとわかっています。**

8 ～ 12 歳の子どもを対象にした実験で、テレビやビデオのような受動的な時間を過ごすよりも、実際に身体を使って能動的にかかわった遊びの方が、同じ遊びでも幸福度が上がることがわかっているのです。

しかも受動的な時間の過ごし方は多くの場合、**何かとセット**になっています。「お酒を飲みながら」や「お菓子を食べながら」ネットサーフィンをすることは、しばしば起こります。

こうした時間を減らしたいと思ったら、次の手順で悪いスパイラルを断ち切りましょう。

きっかけをなくす3つのステップ

手順としては、以下の 3 ステップになります。

1　1週間に14時間以上使っている受動的時間に印をつける
2　受動的時間に入る「トリガー」を見つける

3 「トリガー」が起きないよう環境を変える

ある行動を引き起こすきっかけを「トリガー」といいますが、これには二種類あります。

1つはインナートリガーといって、「自分の身体がトリガーになっている」ケース。「お腹がぐぅ〜と鳴る」というのがトリガーで「お菓子を食べよう」という悪習慣が発動します。

もう1つはアウタートリガーといって、「自分の外側にあるものがトリガーになっている」ケースです。「LINEの通知が出る」というのがトリガーで「スマホを触る」という悪習慣が発動します。

習慣になっている行動とは、このインナーとアウターのトリガーの連鎖です。

よくある例としては、「疲れた」というインナートリガーがビールを連想させて「冷蔵庫を開ける」という行動をとらせます。そこに「ビールを見る」というアウタートリガーが「疲れがスッキリする」と連想させます。そして「プシュ」という音が、欲求が満たされる予告になり、手が伸びます。こうしてアルコールでゆるんだ脳は、次々と展開する動画の視聴を受動的にただただ受け入れてしまうのです。

この場合、変えるべきは「動画を見ない」とか「ビールを飲まない」ではなく、**「疲れたとき」というインナートリガーと「冷蔵庫を開けてビールを見る」というアウタートリガーの連鎖のスタート地点で違う行動をとるようにすることです。**

トリガーを置き換える

できることとしては、ビールの代わりに「炭酸水を冷蔵庫に入れておく」といったように、環境を変えることで一連の流れを止めることができます。

また、疲れたときにビールを飲みたくなるのは、身体が欲しているところもあります。

アルコールは大脳新皮質の働きを鈍くして、感情や食欲、性欲などの本能を司る部分の働きを活性化するため、飲むと精神が高揚し、元気が出るからです。

また、ワインやウイスキーなどの香りにはリラックス効果が、ビールに含まれるホップの香りには、気分が落ち着くアロマ効果もあります。

でも、**これらの効能が欲しいなら、その状態をエクササイズや入浴など別の方法でつくりだすこともできるはずです。**

試しに、ノリのいい音楽を聴きながら一駅歩いて帰ってみてください。心拍数が上がるため、自然と気分が高揚して元気が出てきます。

疲れているときにそんなこと無理だと思うかもしれませんが、運動すると、かえって元気になることがわかっています（156ページ参照）。

Plus!

スタンフォード大学のケリー・マクゴニガル氏によれば、音楽を聴くと脳の運動系が活性化するそうです。脳は、音楽を「身体を動かす合図」として認識しているのです。

実際、音楽によって脳が刺激され、アドレナリン、ドーパミン、エンドルフィンが大量に分泌されると、痛みすら軽減され、元気になることがわかっています。疲れ切った兵士が楽隊の音楽で元気を出して行進したり、農民たちが労働歌をうたって仕事に励むのは、そうした効果を経験で知っているからでしょう。

自分でもテンポのいい好みの音楽を「パワーソング」としてスマートフォンに入れておくと、疲れたときに頼りになりますよ。

リラックス効果のある香りの入浴剤を入れたお風呂にゆっくりつかるなどでも、同様の効果が得られます。香りは脳にダイレクトに作用するため、自律神経やホルモンの働きを調整してくれるのです。

こうして、行動を置き換えることでトリガーを避ければ、受動的な時間を減らすことができるはずです。

理想の1日、1週間の過ごし方を想像してみる

また、能動的にやりたいことを思い出すことで、受動的な時間を減らすこともできます。

僕が定期的に行うようにしているのが、「こんなふうに1週間を過ごしてみたい」というイメージを箇条書きで書き出すことです。

そうすると、

・もっと本を読もう
・もっと家族と過ごそう
・もっと仕事以外の世界とふれよう

というように、能動的に自分にとって大切なことが見えてきます。

イメージを明確にすることから、自分にとって理想のデザインが始まるのです。

時間の使い方を自分で決める

富や名声を得ても、私たちの幸福度は上がりません。

ついついそれらを目標に置いてしまいがちですが、実際は多くのお金を手にしたにもかかわらず、酒や麻薬におぼれてしまったお金持ちや、人間関係が破綻して不安や自己嫌悪に苦しむ有名人がたくさんいることは、皆さんご存じの通りです。

モチベーションを上げる目標設定とは？

ポジティブ心理学の権威、マーティン・セリグマン博士によれば、私たちには「内発的動機付け」と呼ばれる自らのモチベーションが必要だそうです。逆に「外発的動機付け」は、まわりの人からの評価や報酬や罰など外部からのアプローチによる動機付けのことを意味します。

私たちは内発的動機があるからこそ、取り組んでいるタスクに楽しみや好奇心をおぼえ、創造性や理解が高まり、困難に直面しても簡単に諦めなくなるのです。

内発的動機付けには、自分の意思で目標を選択していると感じることが必要です。つまり、会社や上司による目標設定では、達成しても本物の幸福感を得られないのです。

Plus!

モチベーションについて詳しいハイディ・グラント・ハルバーソン氏によれば、研究によって、「自分で目標を選択している」と感じることで、人のモチベーションが大きく変わることがわかっています。

研究では、体育の授業をうける300人の生徒のうち、教師が選択肢を多く与えてくれる授業だと感じている生徒たちの方が、そうでない生徒よりも運動を「楽しい」と感じ、学校以外でも運動しようとする傾向が見られました。「自分で選択できている」という感覚によって、運動に対して前向きな気持ちになったのです。

→ 自分で目標を設定する

つまり、私たちは「自分が本当に成し遂げたい目標」を自ら設定しなければいけないのです。

仕事では、会社やクライアントによって目標を設定される人も多くいると思いますが、それとは別に「自分が心から成し遂げたいと思う目標」を設定しましょう。自分で決めるからこそモチベーションが上がるのです。

これは仕事でも健康でも趣味でも同じです。**ここまで到達したいと自分で考えるからこそ、困難なことにも耐えて続けることができるのです。**

→ 身近なゴール設定から始める

私たちは、「自分はやればできる人間なんだ」と感じることで、モチベーションが上がることがわかっています。

逆に「自分なんて何もうまくできない人間だ」と感じている人は、簡単に物事を諦めてしまう傾向があります。

「自分はやればできる」と思えるような自信をつけるためには、どうしたらいいでしょう？

こうした自信をつけるためには、いきなり大きな目標を設定するのではなく、最初のゴール設定は「頑張れば達成できる」ような具体的な目標にすることで、成功体験を積むことが大切です。

スモールステップで成功体験をし、成長している実感を得ることで自信をつけ、最終的にやる気が上がるのです。

報酬に気をつける

私たちは、自分で目標を設定して達成していくことでモチベーションを維持し続けることができますが、必要以上に「管理されている」と感じると、モチベーションが低下することがわかっています。

Experiments!

ロチェスター大学の心理学者エドワード・デシ教授は、大学生を2つのグループに分け、パズルを解かせる実験を行いました。その際、1つのグループにはパズルが解けるたびに報酬を約束し、もう1つのグループには何も約束しませんでした。

その結果、もともと両グループともパズルを楽しんでいたのに、条件を聞いて以降、報酬を約束されたグループは、報酬がないときにはパズルに触れなくなってしまったのです。

報酬を約束されると、脳がパズルを「報酬をもらうための労働」と認識し、楽しむ気持ちやとりくむモチベーションが下がってしまったのです。

仕事でいい成績をあげれば、会社から褒められ、報酬が与えられることもあるでしょう。でも、ときにそれは、私たちのやる気にマイナスの影響を与えてしまうことがあります。

私たちは、常に自分の設定した目標を追いかけることを忘れてはいけないし、逆に会社から認められなくても、自分の目標達成には関係ない、と受け止めることが必要なのです。

第2章

時間をデザインする

24時間をどう使うか考えることは、人生をどう生きるか考えることです。
充実した毎日を積み重ねて、充実した人生をつくる方法を紹介します。

「時間のかたまり」をつくる

趣味に費やす時間や、好きな人と過ごす時間を大切にしたい、というのは誰もが考えていることでしょう。

でも、僕は仕事をしている時間も楽しみたいと思います。

1日24時間のなかでもかなりの割合、もしかしたら1日の3分の1くらいの時間を捧げている仕事を「苦痛に耐える時間」と考えたらもったいないですよね。

もちろん、好きな仕事につけた人ばかりではないと思います。僕は学生時代に起業したおかげで、好きな仕事をできていますが、それでも楽しい時間ばかりではありません。

逆に、もともと憧れていたわけではない仕事についても、きっとやっていくうちに面白く感じるシーンも増えていくはずです。面白くないという人は、どうせ時間を使うのですから、次のようなことを意識してみてください。

スキルの習得を意識する

どんな仕事も、新人のときより数年たった頃の方が面白く感じます。**長く続けると面白くなっていく理由は、ある程度の時間をかけたことでスキルが身についたからです。**

スキルの習得は、なにも職人や芸術家だけのものではありません。営業には営業の、総務には総務の、人事には人事の、制作部門には制作部門のスキルが存在し、それを身につけるにはある程度の時間が必要なのです。

入社してすぐの新人の頃は上司に言われるままに作業していたり、その日のノルマに追われていただけだったと思います。

でも、経験を重ねていくと、その中に発見があったり、自分の成長を感じられる瞬間がやってきます。それこそが、仕事の喜びではないでしょうか。

楽器の演奏でも、スポーツでも、本当に楽しむためにはある程度のスキルが必要です。仕事も同じこと。「ひと通りの仕事はならったし、一人前だ」と自分では思っていても、**仕事のスキルというのは実は暗黙知によって成り立っています。**

報告書の作成、プレゼンのやり方、電話で顧客とする何気ない会話や交渉時の雑談など、あらゆることには、言葉にできない知恵が詰まっているのです。

こうしたものは、要素を取り出してハウツーを説明するだけでは再現できません。手にするには、職人の世界やスポーツの世界と同じで、**しっかりと観察して何かに気づいたり、自分なりにアレンジしてトライ＆エラーを繰り返す必要があります。**

そのためには、ある程度の時間が必要なのです。

細切れになるほど、忙しく感じる

ところが、現在の仕事の現場は分刻みで常に誰かの要求に対応せざるを得なくなっています。顧客からチャットがきたり、急ぎの問い合わせメールに返信しなくてはならなかったり、電話に応対して会社の誰かにまた自分も問い合わせたりと、一人の仕事に没頭できる時間は5分ともちません。

こうして時間に追われるようになると、私たちは「何かに集中して取り組む時間」を犠牲にせざるを得ません。

そして、まとまった思考ができず、先輩たちの様子を観察する余裕もなく、ただ「忙しい」という感覚に支配されてしまうのです。

Quotes!

「煮えたぎるお湯の中にカエルを放り込めば、あまりの熱さにカエルはすぐ鍋の外に飛び出す。では、カエルを冷たい水の入った鍋に入れて、ゆっくり加熱していくと、どうなるか。カエルはお湯の熱さに慣れて、逃げようとしない。しかし、しまいには生きたままゆで上がって死ぬ。鍋の中のカエルと同じように、私たちは仕事の世界で、『気づかないうちに積み重なる既成事実』に慣らされてはいないか」

——『ワーク・シフト』リンダ・グラットン著、
池村千秋訳（プレジデント社）

このような、「仕事の時間は細切れで当たり前という既成事実」を一度捨てましょう。人に振り回されている限り、自分の時間の主導権はもてません。

自分の時間の使い方は自分が決めるんだ、という決意をもっておくことが大切です。

時間も集中も自分のために使う

何かのスキルを磨いたらもう1つ上のレベルの仕事ができるようになるかもしれないとわかっていても、日々が煩雑すぎると、ちゃんと未来のことを考える気力を奪われてしまいますよね。

一度、仕事の時間でどんなことを意識すべきか、頭を整理しましょう。そして、**何をする際にも、ある程度まとまった時間をつくることを意識してください。**

→ 仕事への向き合い方を決める

自分の中で仕事をどういう位置づけにするかを明確にしておくことは大切です。

僕の中ではライフワークとも結びついているので、人生の中で一番エネルギーを注ぐものだという決意があります。

でも、もっと家族を大切にしたいという人も、趣味を極めたいという人も、小説家になりたいなどの夢を追いかけている人もいると思います。

どんな仕事であれ、無限に時間を費やしても幸せが約束されるものはありませんし、どうしても好きになれない仕事であれば、ある程度の線引きを自分の中にもって転職活動や副業の準備をすることはとても大切です。

会社の成績でない目標を立てる

あなたは今の仕事を通じてどんなことを成し遂げたいと考えていますか？

そのために、どんな勉強が必要で、そこには今どれだけの時間を割いているでしょうか？

スキルの習得には時間がかかります。でも、習得すればするほど楽しくなります。

スキルアップに必要なのは、上手な人をよく観察すること。数分間眺める、というようなことではなく、1つのプロジェクトを通してどんなふうに動くのかをよく観察するのです。どういう状況でどのように立ち回っているのかを見て、初めて気づけることがあるはずです。疑問があったら、すぐに聞いてみてもいいでしょう。

そのためにも、ある程度の時間は観察に使うことを意識しましょう。

遊び心を忘れない

忙しい生活の中で失われるのは、「遊び」のような余裕の部分です。毎分処理すべきものに追われていたら、結果をすぐに求めるようになってしまい、どうなるかわからないプロジェクトを嫌がるようになったり、新しいアイデアを試すのを恐れるようになります。失敗している余裕なんてない、と思うからです。

でも、仕事だからといって、絶対に失敗してはいけないということはないでしょう。誰だって失敗した経験があるはずです。

それに、**結果を求めるために安全な道ばかりを選んでいたら新しい発見もチャレンジも生まれません。**

忙しいことが常態化すると、このような遊び心やクリエイティビティが犠牲になることは、意識しておかなくてはいけないのです。

これからはプライベートでも仕事の時間でも楽しく過ごすため、1日の中で複数の時間のかたまりをつくりましょう。何をするにしても、分刻みのスケジュールは私たちを幸せにはしません。

プライベート時間を1日5時間つくる

ここからは具体的なスケジューリングに入りましょう。

スケジューリングをするときに重要なのは、**仕事より先に「プライベート時間」を確保してしまうこと**です。

「時間が余ったらプライベート時間にしよう」と思っていると、ほとんどの場合とれません。仕事が遅れたら自動的にズレこんで削られますし、テレビや動画をダラダラ見るような受動的な時間の使い方をしていたら、あっという間になくなります。

仕事時間がいかに充実していたとしても、**本書の時間管理はプライベート時間をしっかり確保して幸福度を上げるためのもの**ですので、プライベート時間を毎日確保することは、徹底してください。

1日の予定を5種類に区切る

たとえば僕の場合は食事時間を除いた次の5つで1日を区分し、プライベート時間を5時間半は確保しています。

・起床〜8時

・8時〜13時

・14時〜17時
・17時〜20時
・21時〜22時半

起床〜8時

朝のルーティンの時間です。僕の朝のルーティンは、運動、瞑想、ジャーナル、勉強、「90分重要タスク」を完了させるという5つです。1日の始まりですから、エネルギーをブーストするような設計にしています（145ページ参照）

8時〜13時

超重要なアウトプットをする時間です。僕の場合は執筆、研究、事業計画、意思決定などをする時間で、集中する必要があるので、この時間は細かい仕事をしないと決めています。

14時〜17時

ランチを食べて少し意識もゆるんでくるので、終わらせなければならない作業的なタスクや、書類を片づける時間にしています。考えるというより「やれば終わるタスク」にあてるのです。タスクが終了したら、自由時間にします。

17時〜20時

17時を過ぎたら、基本的に仕事はしません。仕事関係の通知アプリはすべて切って、プライベート時間にしています。友人と会う日もありますし、映画を見たり、お風呂にゆっくりつかりながら読書をすることも。英語の勉強をしたり、新しいことをインプットする時間になっていることもあります。人によっては家族と過ごす時間にしたり、好きなテレビを見る時間にしてもいいでしょう。

どんなに忙しくても、こうした時間がとれなかったら、何かがおかしくなっているサインです。楽しむための時間がなかったら、何のために生きているのかわからなくなってしまいますから、一番最初に確保すべき時間です。**1日の中で最低5時間はとる**ようにしましょう。

→ 21時～22時半

夜のルーティンの時間です（160ページ参照）。

ルーティン以外にも、就寝前にストレッチをして身体とつながる時間にすることもあります。

こうしてざっくり5つに分けている理由は、**「今何をする時間か」を脳に自覚させるため**です。

もっと細かいスケジュールを毎日固定したいという人もいるかもしれませんが、まずはざっくりした枠だけをつくって、内容は柔軟に動かせるようにしておいた方が応用が利きます。

区分する数はいくつでもかまいません。「仕事の前の朝」「午前中」「午後」「寝る前」の4つでも大丈夫です。

大切なのは、プライベート時間を確保できていることを実感し、ダラダラ仕事を続けない習慣をつけることです。

「やりたかったこと」を思い出す

プライベート時間を確保したら、自分の幸福度を上げる活動を見つけましょう。

とはいっても、ここで多くの人がとまどいを感じるはずです。「あれ？　自分が本当にやりたかったことって何だっけ？」という状態になるからです。

「やりたいこと」がわかっている人は少ない？

私たちは日々さまざまな刺激を外部から受けて、変化し続けています。そして、世の中も変わり続けています。

幼い頃の夢を変わらず追い続けて成功した！　というようなストーリーを聞くこともあるかもしれませんが、実はそれは成功者が後付けでつくったストーリーであることが多いのです。

かのスティーブ・ジョブズですら、大学時代は何をしたらいいかわからないまま大学を中退。にもかかわらず、気になったカリグラフィーの授業にもぐりこんだことで、後にアップルコンピューターの美しいフォントに活きたと言っていたくらいですから、**その時々に自分が情熱を燃やすことが大切で、点と点は後で線になるものだと思っておきましょう。**

→やりたいことを思い出す「アーティスト・デート」

世界中で400万部以上も読まれているジュリア・キャメロン氏が書いた自己啓発の名著『ずっとやりたかったことを、やりなさい。』では、やりたかったことを思い出すために「アーティスト・デート」というものをすすめています。

Quotes!

「『アーティストデート』とは、あなた自身の創造的な心を育むために特別に確保される、週二時間ほどの時間のかたまりである。（中略）大型雑貨店に行く、ビーチへのひとり旅、ひとりで見る古い映画、水族館やアートギャラリーに足を運ぶ……どれも時間がかかるがお金はそうかからない。大切なのは時間をかけることなのである」

――『ずっとやりたかったことを、やりなさい。』
ジュリア・キャメロン著、菅靖彦訳（サンマーク出版）

つまり、「一生かけてもやりとげたい！」と思えるような大きなことではなく、**もっと身近で小さな自分の喜びを再発見していくことが大事なのです。**

「ああ、小さい頃食べていたような中華丼が食べたいなあ」と思ったら、レシピを調べてつくってみる。

「あそこのお店、素敵だな」と思ったら一人で行ってみる。

そんなふうに「ちょっとやってみたい」ということを実行に

移すのです。

ちなみに、僕は昔の絵の具を引っ張り出して、思うままに紙に絵を描いてみました。おそらく時間にして20分くらいだったと思うのですが、とってもスッキリしました。

上手くやろうとか、誰かに見せようということから離れて、「やりたい」と思っている自分の気持ちと純粋につながりながら取り組むことが大切なんだと思います。

アリストテレスによれば、**「善い人生には、その行為そのものから生まれる満足感以外に何の利益ももたらさないような行動が必要である」**そうです。

目的が明確でなくても「やってみたい」と思った行動をしていかないと、人生の幅がどんどん狭くなってしまうのです。

「手仕事」で時間の密度を濃くする

こうした余暇に行う活動でおすすめしたいものに、「手仕事」があげられます。

ランドルフ・メイコン大学心理学部長のケリー・ランバート氏は、その著書『うつは手仕事で治る!』の中で「人は身体をつかって努力し、目的を達成すると大きな喜びを感じる。畑仕事や手仕事から解放され、スイッチ1つですむ生活になってから、うつになる人が増大した」と述べています。

この主張に反論できる人はいないでしょう。

手仕事には、農作業や木工、ペインティング、編み物などはもちろん、コーヒー豆を自分で焙煎したり、パンを焼くなど、料理をすることも含まれます。

僕自身、料理をする時間をアーティスト・デートにすることがあります。手を使って集中する作業というのは、PCの前に座って何かをしているときとはまったく違う脳の使い方をしていると感じて、とても気分がよくなるのです。

できあがった実体のあるものを、見たり食べたり使ったりできることも、充実感をもたらす理由の1つでしょう。

小さな「やりたい気持ち」を見逃さない

本来のアーティスト・デートは週に2時間連続した時間をとることをすすめていますが、僕のおすすめは**毎日30分、手仕事の時間をつくることです**。その際絶対に守ってほしいのは、必ず「一人で」過ごすこと。誰かに気を遣ったりせずに、ただただ「自分の喜び」をカーナビのように使って進む時間にするのです。

→1日1回のアーティスト・デート

僕が料理をすることを自分とつながる時間にできたのも、喜びを感じたからです。

以前は「食べるためにつくらなくては」「外食ばかりでは健康に悪い」というような義務感で料理をしていたのですが、「何も考えないで、自分が食べたいものをつくろう」と思って牛丼をつくってみたら美味しくできて、「じゃあ次はナポリタンにしよう！」とやってみたらそれも美味しくできて、これを繰り返していたら料理の時間がとても楽しい時間になりました。

食事は栄養のこともあるので毎日好きなものだけを食べるわけにもいかないのですが、こういう時間を「アーティスト・デート」にするのもいいと思います。

もちろん掃除や片づけの時間をアーティスト・デートとして自分と向き合うのが心地いいという人もいると思います。

大切なのは、「人生の目的とは?」というような大きな命題を掲げないで、純粋に楽しもうとすることです。

1週間に最低2時間は一人で過ごす

また、1週間に2時間は、連続した自分だけの時間を確保することも幸福度を上げるためには大切です。買い物に出かけたり、美術館や温泉に行くのでもいいですし、ずっと気になっていた本を読んだり、映画を見たりしてもいいでしょう。

ポイントは、一人で行うこと。そして、写真や感想をSNSなどに投稿するのも禁止です。他人からの評価を求めるのではなく、自分の満足感を大切にしましょう。

Tips!

プライベート時間があるのが当たり前の毎日になると、「あ！　あれをやってみよう!」とか、「この本読みたかったんだ!」と、どんどん新しく気づけるようになります。「時間に追われている毎日」から「やりたいことを追いかける毎日」に変わっていくことが実感できるはずです。

時間をデザインする

「行動目標」で充実感のある1日をつくる

ここからは1週間ごとの具体的なスケジュール作成に入りましょう。

スケジューリングをする際に大切なのは、「1週間の目標を決めること」です。身近なゴール設定をして、達成感や充実感を高めていきましょう。

週末に翌週のゴールを設定する

事務仕事なら「来週のこの曜日までに提出する」。

ダイエットなら「来週は3回ジムに行く」。

営業の仕事なら「来週はアポイントを5件とる」。

英語の勉強なら「来週はフレーズを4個覚える」。

というように、どんなジャンルのものでも1週間ごとのゴールを決めましょう。ゴールを決める際のポイントは2つあります。

→「来週は」という枕詞をつける

「毎週ジムに3回行く」というような決め方だと、決意が弱まります。必ず**「来週は〜をする」**というように、1週間ごとの目標にしましょう。

「行動目標」をつくる

目標内容は、「契約を3件決める」、というような「結果目標」ではなく、「アポイントを5件とる」というような「行動目標」を立てましょう。

基本的に私たちは結果をコントロールすることができないので、結果を目標にしても努力と達成がイコールになりません。そのため、自分が「どうするつもりなのか」という「行動」を目標にしなければ強制力が働かないのです。

行動目標なら、やれば必ず達成できます。達成できればまた次の週への意欲もわいてきます。もし達成できなくても、自分の時間の使い方を見直すきっかけになるでしょう。

目標設定は日に何度も見返す

1週間の目標設定をしたら、それを手帳やカレンダーなど、いつも見えるところに書き込みましょう。

忘れないためにもなりますし、達成したときの充実度がぐんと上がるからです。

私たちは、成功体験を重ねることでやる気がアップすることは前述しました。同様に「今週は3回ジムに行けた！」とか「行動目標を達成できた！」と実感できると、翌週からも頑張って続けようという意欲につながるうえ、他の項目についてのモチベーションも上がるのです。このため、週末に翌週のスケジューリングするのがベストです。

「どうにでもなれ効果」に気をつける

ただし、成功したからといって、突然ハードルを上げるのは禁物です。「週に3回できたんだから、来週は毎日にしてみよう！」というように負荷をどんどん強めてしまうと、達成できなかったときに他の項目までモチベーションが下がってしまうのです。

これは心理学では「**どうにでもなれ効果**」と呼ばれている現象で、**1つダメになるとすべてに対して投げやりになってしまうことを言います。**

よくあるのが禁煙や禁酒です。ずっと断っていたタバコやお酒を友人のすすめである日1本だけ吸ってしまうとか、1杯だけ飲んでしまう、というものです。

すると、実際に吸ったのはたった1本、飲んだのはたった1杯だったにもかかわらず、「今までの努力は全部ムダだったんだ！」と感じて、一気に自制心を解放してしまうのです。

ダイエットでも同じで、「ちょっと食べすぎたかも……」と感じると、ハイカロリーなものをいつも以上に食べる行動に走ってしまいます。

こうした「どうにでもなれ効果」につかまってしまうと、意志の力では逃げられません。

だからこそ、**行動目標は適切な高さのハードルで、しかも1週間単位に。**今日がダメでもまだ取り返せると思えるようなロングスパンで目標をとらえることが大切なのです。

朝時間をサンクチュアリにする

1日の予定を細かくつくる段階では、深い思考が必要な仕事（ディープワーク）と、「作業」として取り組める仕事（シャローワーク）を分けてスケジューリングすることで、時間とエネルギーを上手に使えるようになります。

午前中に大切な仕事を入れる

午前中には、その日の予定の中でもっとも大切なもの、ディープワークを入れることが大切です。なぜなら**意志力には限りがあるから**です。

意志力について著書もある心理学者のロイ・バウマイスター教授によれば、人間の意志力は1日の始まりがマックスで、「時間がたつごとに」、そして「何かを選択するごとに」減っていくそうです。

難しい問題に取り組んだ後、甘いものを我慢した後、服のコーディネートに悩んだ後、私たちは自然と意志力を使っています。すると、次の誘惑に負けやすくなったり、気が散りやすくなって、パフォーマンスが落ちてしまうのです。

Quotes!

「実験で繰り返し確認されたのは、強い意志やセルフコントロールの努力を続けるのは疲れるということである。何かを無理矢理がんばってこなした後で、次の難題が降りかかってきたとき、あなたはセルフコントロールをしたくなくなるか、うまくできなくなる。この現象は『自我消耗(ego depletion)』と名づけられている」

——『ファスト＆スロー』
ダニエル・カーネマン著、村井章子訳（早川書房）

脳科学者の茂木健一郎氏は、その著書『脳を最高に活かせる人の朝時間』に、人間の脳にはゴールデンタイムが存在し、「その時間帯とは、脳の働きが効率よく、もっとも活発に働く『朝目覚めてからの3時間』だ」と書いています。

1日を通して蓄積された「短期記憶」が睡眠によって「長期記憶」へと移されてリセットされ、空っぽの状態でスタートできるのが朝だからです。

また、人間の脳は食事をすると満腹中枢が刺激されてパフォーマンスが著しく低下するため、注意力や集中力を必要とする仕事は朝食前に行うことをすすめています。

つまり、朝いちばんにすべきことは、メールのチェックや返信ではありません。**一番エネルギーを使う仕事を午前中にやれるように時間をデザインしなくてはならないのです。**

一方で**夕方は、集中力が落ちて意志力が低下します。**だから、あまり深く考える必要のない書類仕事や事務作業などのシャローワークをまとめて入れると、1日を通して仕事がうまく進みます。

始業時間より前に「自分の時間」をつくる

とはいえ、午前中というのは、会議が入っていたり、前日の仕事の積み残しがあったり、上司につかまって仕事を頼まれたりしがちです。

フリーランスの人であれば、ある程度コントロールできても、会社員の場合はそううまくいかないこともあるでしょう。その場合は**始業前に「自分だけの時間」をつくる必要があります。**

たとえば9時始業の会社であれば7時半から9時までの90分間を自分だけのサンクチュアリ（聖域）にして、大切な仕事に没頭できる環境をつくるのです。

前日に終わらなかった仕事なども、残業して片づけるより、翌日の早朝にやった方が効率よく片づけられます。**エネルギーが枯渇した状態の脳より、朝イチの脳の方が処理能力がすぐれているからです。**

結果的に残業で3時間かかっていた仕事も、朝なら1時間で終わるはずです。

「簡単な仕事」ではずみをつける

積み残しの仕事がなく、睡眠時間もしっかりとれていて、エネルギーも満タンの場合は、その日一番大切な仕事に朝イチからどっぷりつかってください。

でも、朝イチでそこまでトップスピードにのれない……という場合は、**「すぐ終わる」仕事を最初にやって、達成感とともに勢いをつける**のもおすすめです。

達成感は、さらなる達成感へのモチベーションになるので、次に待っている大切な仕事へのはずみになります。

→ドーパミンを出す

タスクを完了させると、脳は快感を覚えます。ポイントカードなどでスタンプが着実に押されていくと気分がよくなったり、To-Do リストに完了のチェックマークがつくと、さらにやる気が出たりしませんか？

それは、脳からドーパミンが出ているのです。つまり、脳は**終わった後の「快感」が欲しくて、タスクに向かうモチベーションが上がる**のです。

おまけに、ドーパミンには注意力、記憶力、モチベーションを高める作用もあるので、大きな仕事へ向かうために脳の状態をベストにしてくれます。

Point!

ドーパミンを利用して自分を動かす仕組みを使っているのがTo-Doリストです。「完了バイアス」といって、何かを達成する→やる気になる→もっと難しいことに挑みたくなる……というのは、脳にとって自然な流れなのです。だから頭の中で「やらなければいけないこと」を覚えておくより、「To-Doリストに書き出して、完了したらチェックマークをつける」という行為にした方が、次の行動力を高めてくれるわけです。

→ 打ち合わせ日、外出ナシ日を分ける

ほかにも、仕事のスケジューリングは、打ち合わせや会議の予定をできるだけまとめて、「打ち合わせ集中日」と「誰とも会わない日」を分けるといいでしょう。

移動時間というのもけっこうな時間を削られてしまうので、

予定はできるだけまとめた方が時短になります。

リモートワークでそもそも外出が減ったという人でも、オンラインミーティングもできるだけ日程をまとめることをおすすめします。「オンラインミーティング疲れ」なんて言葉も生まれましたし、人のストレスは思わぬところでたまっています。架空の用事でもつくって、共有カレンダーをブロックし、自分の身を守ってください。

また、可能であれば**「誰とも会わない日（オンライン上も含めて）」は２日以上連続するようにするとさらに効果的です**。こうするとまとまった時間がとれるので、考えを整理したり深めたりしやすくなります。

週末の予定は「水曜までに」考える

せっかくの休日にずっとパジャマでダラダラ過ごすと「しっかり休めた！」とか「リフレッシュできた！」というより、「ムダに過ごしてしまった……」と後悔しませんか？

このような過ごし方では、脳は休息をとれませんし、翌日始まる1週間のためのエネルギー補給もできません。

週末を有効に過ごすためには、**「週末専用のスケジュール」**も考えておく必要があります。

ダメな週末の過ごし方

休日の過ごし方としてNGなのは、次のようなものです。

- 昼過ぎまで寝ている
- 家から一歩も出ない（最初から出ないと決めている場合は別）
- スマホやPCをずっと見ている
- 散らかっていても掃除をしない
- 嫌なことを忘れるために昼間から酒を飲む
- 愚痴と妄想を語る人とずっと一緒にいる
- 栄養のあるものを食べずにスナック菓子だけで過ごす

こういった過ごし方はイライラや不安を呼んでメンタルを不調にし、充実感をも奪ってしまいます。

意外に感じられるかもしれませんが、人間は**ラクなことをしても幸福感を得られません**。

休日をダラダラと過ごすことは、ラクだしリラックスできると思われがちですが、実は多くの人が眠る前に「あ〜ダメな時間を過ごしてしまった……」と自責の念にかられ、翌週へのモチベーションが下がってしまうことがわかっています。

「リフレッシュ予定」と「インプット予定」を入れる

インドア派を自称する人は、「そうはいっても休みくらいは出かけないで家にいたい」という人が多いと思います。

しかし**人は「行動する」ことで充実感を得られるもの**。「自分にとって幸せとは何だろう?」と考えているだけでは答えが出ませんので、実際に何かを体験するという行動を起こし、「自分なりの幸せのルール」を見つけていかなくてはならないのです。

そこで、まだ自分にとって最高の休日の過ごし方が見つかっていない人に僕がおすすめするのは、**「リフレッシュ予定」と「インプット予定」をどちらか１つは毎週末に入れる**ことです。

→「リフレッシュ予定」でメンテナンスする

外出前には「せっかくの土日なのに、なんで予定を入れてしまったんだろう」と思っても、**いざ出かけると「ああ、来てよ**

かった」と思うのが「リフレッシュ予定」です。

旅行はもちろん、整体、美容室や理髪店、ジムやプール、歯医者での歯のメンテナンス、日帰り温泉など、ちょっとテンションがかかる外出は、事前に予約を入れて出かけざるを得ない状況をつくりましょう。

そのときの気分で決めようと思っていると、ついダラダラして出かけられず、結果的に達成感のない休日につながってしまいます。行ってみれば、必ず「行ってよかった！」と思うものですから、とにかく予約してしまいましょう。

→「インプット予定」でモチベーションを上げる

また「リフレッシュ予定」だけでなく、自分の成長につながるような「インプット予定」も事前に入れることをおすすめします。

書店をぶらぶらしたり、講演会や勉強会、英会話レッスンに参加するなど、新しく何かを学ぶことは成長を実感できますから、翌週への活力がわいてきます。

ポイントはラクすることだけでなく、少しエネルギーを使うと感じるものを選ぶこと。

だからこそ、疲れてしまう前、週の半ばの水曜日までに予定を決めてしまう方がいいのです。

振り返りで自分にとって最高の休日がわかる

外出したら、必ず帰りの時間で「自分は今、どんな気分なのか」を振り返りましょう。

いい気分でリラックスできたと感じているのならまた来週に同じ予定を入れてもいいですし、自分にはあまり向いていないと思うなら今後は避けて予定を組めばいいのです。

感じ方は千差万別ですから「自分だけの感想であること」を大切にしてください。**予定を終えても、すぐにスマートフォンを出してネットを見てはいけません。**「今の自分が感じている」率直な感想を見逃さないようにしましょう。

こういう休日を過ごしていくことで、自分の取扱説明書ができてきます。充実した人生には平日の疲れを癒やす休日が欠かせません。3連休などの過ごし方も、きっと変わっていくはずです。

Tips!

「いつかやりたいことリスト」をつくっておくと、「あ、来週やれるかも！」と突然スケジュールの空いたときや、週末の予定を考えるときに使えますよ。

たとえば、「美術館でこのイベントをやっているから行きたい」「新しくカフェがオープンするから行ってみたい」「インテリアショップに行って理想の部屋のイメージをつくりたい」など、やりたいと思ったことを書いておくと、週末の時間があなたの幅を広げてくれます。つまり、アーティスト・デートのリストですね。

僕は、「いつかつくりたい料理」のレシピのリンクや、一気見したい映画のリストなどもつくっています。

休みが楽しみになるだけでなく、達成できた日の満足感が楽しみでたまらなくなります。そのうえ、リストに書き込んでいる瞬間もすごく楽しいんですよ。

週末の朝に 1週間をリセットする

毎週のスケジュールについては、自分に最適なものを見つけるまでは休日の朝に振り返りの時間をもうけましょう。

ウィークリー・レビューで振り返る

4つのステップで1週間を振り返ることを、僕は「ウィークリー・レビュー」と呼んでいます。やり方は次の通りです。

1　今週は何ができたか
2　何ができなかったのか
3　ずっとやりたかったのにできなかったことは何か
4　来週の行動目標を決める

こうして振り返ると、「自分の現在位置」がわかります。

レビューは「プライベート時間」は何時間確保できたか、週末の充実度はどうだったのかも含めて振り返りましょう。

→ 客観的に自分を見る時間をとれる

いったん進みだすと、途中でブレーキを踏むのは難しいものです。**脳は、たとえ方向が間違っていたとしても走り続けた方**

がラクだと感じてしまうため、一度始めてしまうとストップすることの方が面倒に思えてしまうのです。一度歩きだすと、道順があやふやでも人に尋ねることの方が面倒に感じることはありませんか？　それは、脳のクセなのです。

食べ過ぎている自覚のあるとき、またはエクササイズなどをさぼっている自覚のあるときに、体重計に乗るのを避けようとするような、ネガティブなことから逃げようとする心もそれを後押しします。

こうしたときに、ウィークリー・レビューは非常に有効です。ときには努力の方向性を変えたり、足りない行動を増やさないといけません。

それは、1日単位で見直すのではなく、週ごとに見直さないと見えてこないのです。

自分のパターンを理解する

1週間を通して振り返ると、自分のパターンがわかるようになります。「できた／できなかった」はそのときだけの結果ですが、**「自分はこういうパターンで動きがちだ」ということがわかる**からです。

たとえば「週の前半は頑張れたけど、後半になるにしたがって朝起きるのが遅くなっている」とか、「行動目標を週の前半に達成してしまったから、逆に後半にモチベーションが落ちてダラダラしている」というような分析もできるはずです。

この場合、水曜の朝に短い振り返りの時間を設定したり、水曜は残業はしないと決めて睡眠時間を増やすことで、週の後半のエネルギーを上げることもできます。

結果的に同じ達成度だったとしても、その中身をアレンジしてパターンを変えることで、より充実度の高い毎日に変化させることができるのです。

うまくいかなかった1週間はリセットする

また、今週は全体に調子が出なかったという場合、僕は次のようなことで調整しています。

→ ジムかジョギングで汗をかく

運動をすることはストレスホルモンを下げ、同時に意欲のホルモンを増やすことができます。ジムで大胸筋を鍛えた後、無敵になったような感覚になりませんか？（僕はなります）僕にとって筋トレはこの感覚を得るためで、見た目の筋肉はおまけです。

でも、人によっては単に走ることで汗をかき、頭を空っぽにするのでもいいと思います。心拍数を上げて汗をかくとリセットできるので、自分に合った方法でやってみてください。

→ 整体で自律神経を整える

忙しい日々で緊張状態が続いていると、活動モードの交感神経を自分で「ゆるめる」ことができなくなってしまいます。すると睡眠の質が下がったり、疲れがとれなくなったりしますから、整体でみっちり１時間くらいかけて調整してもらって、リラックスモードの副交感神経に切り替えができるようにしてもらいます。

自律神経は全身の体調に作用しますから、なんとなく体調が優れない、とか、なんだか元気が出ない、というときにはおすすめです。

60分の映像学習

自分の思考が悪い方向に向かいがちだと感じたら、自分で修正するのはとても難しいものです。そんなときは、TEDトークなどのセミナーの映像を見ることでリセットできます。**60分くらい完全に集中して見ると、自分の思考ではなくTEDスピーカーの思考にシンクロして、自分の思考のクセが改善されるのです。**

できるだけ前向きなテーマを選ぶとやる気になりますよ。

また、見慣れたもので自分を振り返るきっかけになるトークを見てもいいでしょう。僕は、目標がすごく遠くに感じてしまうときなどに、スティーブ・ジョブズのスタンフォード大学の卒業式のスピーチを見返します。何度も見ているのですが、見るたびに感動を覚えて思考がリセットできます。

ほかに、「グレイテスト・ショーマン」という映画のサントラの「This is me」という曲のオーディションの映像をYouTubeで見ることもあります。見るとたいてい泣くのですが、同時にやる気になったりもしています（笑）。

いずれにしても、**「意志の力で考え方を変える」のではなく、外の力を使うのがポイント**です。

時間をデザインする

未来のための
プランをたてる

日々のスケジューリングの積み重ねが未来の自分をつくるとはいえ、それがどこにたどり着くかは終わってみなければわかりません。だから、時には未来から振り返って逆算してみるのも大切です。

2種類の逆算プランを考えてみる

僕の場合は、日常のスケジュールと未来から逆算して考えるスケジュールを区別しています。

→ 日常のスケジュール

締め切りに合わせて段取りを考えることは皆さんよくやっていると思います。つまり、「金曜日までに提出する資料があるから、水曜日までに上司に許可をとる」「そのために火曜日に資料を作成」「月曜日は資料のための情報収集にする」のように逆算していくのが日常のスケジュールです。

→ 未来思考のプランニング

一方で「なりたい姿」や「こういう3年後にしたい」というような、なりたい未来に近づくための行動を考えるのが未来思考のプランニングです。

この2つを分ける理由は、もしも日常のスケジュールばかりを考える日々になっていたら、**「何かをやっているつもり」だけれど実際は「追われているだけ」だと気づける**からです。

「明日の締め切りまでに仕事を終えること」が人生の目標かのようになっていて、それ以外に目標がないとしたら、注意が必要な状態ということです。

6つの検討要素で100点を考える

とはいえ、「やりたいこと」がわからなかったり、そもそもどういう未来を描きたいかがわからなくなってしまうこともあるでしょう。

そんなときは、6つの要素に絞り込んで個別に検討すると現在地がわかりやすくなります。

1：健康
2：感情
3：人間関係
4：時間管理
5：仕事・キャリア・ライフワーク
6：財務・お金

これらをそれぞれ理想の状態を100点として、今は何点かと考えると、自然と点数をアップさせる活動を意識できます。

そうしたら、その点数アップにつながる行動をスケジュールで優先させるのです。

100点を定義する

この場合、大切なのは各項目の「100点」を先に定義することです。

お腹が出ている→ダイエットしなくては

というように問題からスタートするのではなく、

お腹がぺったんこになっている→腹筋を重点的に鍛える

というように、100点の状態を具体的に描いて、そこに近づくように考えることが大切なのです。

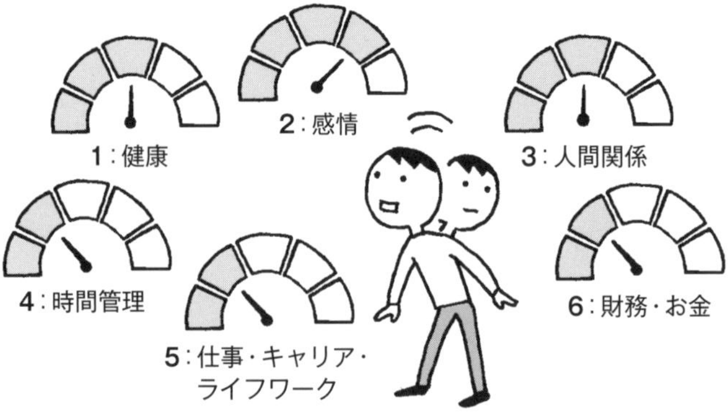

組織心理学者のエドウィン・ロック氏とゲイリー・レイサム氏による木材の運送業者を対象とした実験では、とくに理想を数値化していないときには60％だった積載量が、「94％」と具体的な理想を設定すると、90％にまで向上したそうです。

ゴールに近づくためにはこのように、**「具体的、かつちょっ**

と難易度の高い目標設定」が有効であり、「ベストを尽くそう」というようなあいまいな目標設定では人の行動は変わらないことがわかっています。

Point!

完璧主義に注意する

ただし、注意しなければならないのが、完璧主義に陥ることです。

スワースモア大学の心理学の教授であるバリー・シュワルツ氏は、「叶うはずのない高い期待」を抱いていると、人生の満足感が下がると述べています。

理想の健康状態などを定義し、そこを目指して頑張るのはいいのですが、「体脂肪は5%以下にしないとデブだ!」とか「最新のニュースについて全部知っていない人間は教養が足りない!」というように、「叶うはずのない高すぎる期待」をもつことは、うつ病にまでつながるリスクがあると教授は述べています。

ボディビルの大会に出るなどの目標がないのなら、目指すのは健康的な身体を手に入れることや、お腹をへこませる、というもののはず。やりすぎていないかどうかについては、意識的に振り返ることも必要ですよね。

理想の人を定義する

また、「あの人みたいになりたい」というように誰かを思い浮かべるのもいいでしょう。具体的な理想像があるので、今の自分と比べて、どこを改善すべきか、何が足りていないのかがわかりやすくなると思います。

人生で価値があるものは、スキルにせよ、健康にせよ、人間関係にせよ、「1日で手に入る」ものはありません。

だからこそ手に入れるまでの長い時間を未来思考でプランニングする必要があるのです。

思考は環境の影響を受けている

こういった長期的な展望など、いつもと違うことを考えたいときは、場所を変えると発想が変わりやすくなります。

カフェやホテルのラウンジで考えたり、都内に住んでいるのにわざわざ都内のホテルに宿泊したりする人がいるのは、おそらく**環境を変えることで思考に刺激を与えている**のでしょう。

人は、日常の空間にいると、視覚的に影響を受けてどうしてもそれに関連したことを考えてしまいます。

いくら頭では3年後のことを考えたいと思っても、「ああ、部屋が散らかっているな」という思考が入ってくると、つい掃除を始めたりしてしまって集中できません。

ですから環境を変えることは非常に大切です。

外泊できないという場合でも、いつもとは違う場所に出かけるだけでも違います。普段行かない街の、入ったことのないカフェで考えてみると、**目に入る風景や人が違っていることでひらめきが生まれます**。

僕はときどき朝5時に近所の公園にノートを持って未来のプランについて考えに行くことがあります。朝が早いと人がほとんどいないので、いつも見ている風景と違って見えますし、周囲も静かで集中できます。とくに朝イチは、自分の頭も雑念がなくてクリアなので、日常に引っ張られることなく、落ち着いて未来について考えることができるのです。

「なりたい自分になるために何をすることができるか?」

そんな質問をノートに書いて、改善したい点を具体的に考えてみると、だんだん今の自分がすべきことが見えてきて、自然に未来のためのプランニングができますよ。

第3章

時間を縮める

プライベート時間を16時間確保するためには、仕事や雑用の時間を減らさなくてはなりません。
この章では徹底的に効率化する方法を紹介します。

時間を縮める

判断力を上げる

この章ではムダな時間をカットしていきましょう。
日常生活の中で、カットできる時間は大きく分けて3つ、

・「悩んでいる時間」
・「探し物をしている時間」
・「後悔している時間」

です。このうち「悩んでいる時間」は次のようなやり方で縮めることができます。

時間をかけても「いい選択」はできない

私たちは「時間をかけた方がいい判断ができる」と考えがちですが、実は**「かけた時間」と「判断の中身」は関係がないことがわかっています。**

マーケティングに詳しいマルコム・グラッドウェル氏によれば、時間をかけた方が「自信をもって判断した」と思うのは感覚的なもので、判断が正しかったか間違っていたかは悩んだ時間と相関性がなかったのです。

そのことを証明する実験があります。

心理学者のサミュエル・ゴスリング氏が行った実験で、研究者たちが80人の大学生の性格を、外向性・協調性・真面目さ・感情の起伏・好奇心の5つの項目に沿って詳しく調べ、その後、学生の親しい友人に同じ項目で評価させるというものがありました。もちろん結果は、おおよそ合っていました。が、驚くのはここからです。

次に研究者は、学生に一度も会ったことのない赤の他人に、学生の部屋を見せて性格を予想させました。結果は、5項目中3項目は、親しい友人の解答よりも赤の他人の方が正解に近かったのです。

判断に大切なのは時間を長くかけることより、適切な情報を取り入れ集中して考えることなのです。

→ タイム・プレッシャーで勢いをつける

脳科学者の茂木健一郎氏が提案する「タイム・プレッシャー」というメソッドは、時間を短く区切ることによってスピードを上げるテクニックです。

作業をする際に制限時間をもうけると、突破することで脳からドーパミンという報酬が出ます。すると「次のタスクはもっと短い時間で完了させよう」とやる気が出てくるのです。

これは、作業的なタスクだけでなく判断が必要な仕事でも同じように使えます。

実際には1分で決めても1時間で決めても、結果に違いはないわけですから、悩んでいる時間はできるだけ短くしていきましょう。

Plus!

スタンフォード大学行動科学高等研究センターのディレクターを務めたスティーヴン・M・コスリン氏は、制約の多い状況に置かれると、人間の創造性は向上する可能性があると述べています。たとえば、斬新な料理が生まれるのは、材料が限られているときです。制約があるからこそ、今までになかった発想ができるのです。

逆に自由すぎる状況では混沌としてしまって、判断が難しくなることがあるので、タイム・プレッシャーは創造性をアップさせる効果もあると思って取り組みましょう。

→得られるものを意識する

タスクを完了させることで「得られるもの」を意識するのも有効です。

「あと10分で会議なのに資料がまとまっていない」というような差し迫った状態では頭がパニックになってしまうことがありますが、「これをまとめてちゃんと説明できれば予算が獲得できる」など、成功したときに手に入るものを想像すると、頭がクリアになって、ポイントに集中できるようになります。

手に入る報酬が念頭にあるので、失敗する不安に苛まれたり、リスクを恐れて立ち止まることなく、行動をスピードアップできるのです。

大胆な性格になる考え方なので、細かい確認作業のようなものではなく、ポイントをおさえて決断していく際にピッタリの思考法です。

次の予定を入れる

タイム・プレッシャーを強力にしたものに、次の予定を入れてしまうというテクニックがあります。

それも、「誰かと会う」とか、「この時間に出ないと間に合わない」という予定を先に入れてしまうのです。

切迫感を上げることで、私たちの集中力は一段階上がります。

「終わらないとまずい！」という状況は、ストレスを感じますし、身体的にもプレッシャーがかかりますから、いつも使うことをおすすめはしません。が、「この書類をまとめるのに2時間もかけるのはどうしても避けたい！」というときなどには、試してみる価値があると思います。

僕は、発送作業などのときにも、先に宅配業者の集荷を決まった時間に予約してしまって、「それまでに終わらせるぞ！」と気合を入れて片づけるような使い方もしています。誰かに迷惑をかける！　と思うと、かなりのスピードで作業が進むので、これまでお待たせしたことはありません（笑）。

Training!

決断力を上げるトレーニングをするのも有効です。

たとえば今日のランチに何を食べるか、といったことでも決断力を上げるトレーニングができます。ためしに今日のランチは5秒で注文するものを決めてみましょう。メニューを手に取ったら、「5、4、3、2、1」とカウントダウンして、とにかく頼んでしまうのです。アレコレ眺めていると悩みますが、「何が食べたい？」と自分に問いながらカウントダウンすると、キュッと脳が集中するのを感じることができておもしろいですよ。慣れれば、集中力を自分で操ることができるようになります。

時間を縮める

探し物の時間を最小にする

ベストセラー『気がつくと机がぐちゃぐちゃになっているあなたへ』の著者で、整理術のカウンセリング会社を経営しているリズ・ダベンポート氏は、**「平均的なビジネスパーソンは年間150時間も探し物に浪費している」**と指摘しました。

ということは、1年でまるまる1週間ものあいだ、ただ物を探しているだけに費やしていることになります。整理整頓さえできていれば、約1週間の休暇がとれるわけですから、まずは物を減らすことから始めましょう。

半年使わないものは処分するかデータ化する

机の上の状態はあなたの頭の中を表していると言いますよね。書類の95%が不要とも言いますから、思い切って処分してスペースをつくることが大切です。

ものを減らす際の原則は下記の2つです。

- 「6か月以上ただ保存している」ものは処分する
- 「あとで使おう」と思っているものはデータ化する

この原則に従って、直近で使わない書類や本などの資料は処分するかデータ化していきましょう。

僕は仕事がら本が増えやすいのですが、読み終えた本は毎月30冊ほど電子化サービスに送ってデータ化しています。

読むときは紙の本が好きなのですが、どうしても場所をとるため、すぐ使わない本はデータ化することにしているのです。

Plus!

ノースダコタ大学のバージニア・クリントン氏の研究では、デジタルで読むよりも紙で読む方が内容を深く理解し、記憶にとどまりやすいことがわかっています。というのも、紙で読むのとスクリーンで読むのとでは、脳の使っている部位が違っていたのです。だから、最終的に処分に困るとわかっていても、僕は必ず紙で読んでから電子化するようにしています。

やってみると後で検索するときにはデータの方が便利でした。捨てるわけではないので、思い切りよく処分できることもあって、気に入っている方法です。

ただ、電子化すると次に浮上してくるのがデータの保存場所や容量の問題です。それでいろいろ調べた結果、僕はこちらの電子化サービスを使っています。

Recommend!

BOOKSCAN（http://bookscan.co.jp）は蔵書を送ると、スキャンしてPDFデータ化してくれるサービスです。さらには「マイ本棚」としてスキャンした書籍すべてを本棚画面で一覧管理できるので、とても便利です。

350ページまでの書籍なら1冊100円から引き受けてくれますが、データ名を書籍名に変換してもらったり、中身の検索ができるようOCR化するのに追加オプションがかかりますから、使いやすいようにするのに合計250円かかる計算になります。僕の場合はプレミアム会員になって、こうした機能をすべて使えて月額約1万円で50冊までスキャンしてもらえるサービスを選んでいます。

その他、置き場所からはみ出したら、「持ちすぎのサイン」だと考えて、書類でも服でも雑貨でも、「置き場所に入りきらなくなったら捨てる」ことを徹底しています。

物を減らせば自分が何を持っているか一目でわかって、二重に買ってしまうことも防げます。

ゴールは、**棚の上でも引き出しの中でも、一目でどこに何が入っているかわかる状態**です。リモートワークで家にいる時間が増えた人にとっては、探し物の時間を減らすことはQOLの向上に直結します。

次の項目で片づけのポイントを整理しましょう。

時間を縮める

気が散らない環境をつくる

視覚情報は集中を妨げる大きな要因になります。

グロリア・マーク博士率いるカリフォルニア大学アーバイン校の研究によれば、**平均的なビジネスパーソンは3分おきに仕事を邪魔されていて、また一度集中が途切れると再び集中するのに平均して25分近くかかり、そのたびに脳に負荷がかかる**そうです。自分がどこまでやっていたかを思い出し、改めてリズムを取り戻さなければならないからです。

すると仕事の質も下がり、1日ずっと集中できずに終わってしまうのです。あまりにももったいないですよね。

今日からは、集中が途切れないような環境を整えましょう。

見えるところに物を置かない

一番大切なのは、何か作業をスタートするときに**目の前にその作業に関係するもの以外は一切置かないこと**です。

余計なものが目に入ると、そこから「ああ、あの件でメールを忘れていた」とか「この書類の締め切りはいつだったっけ?」というように別のことを連想してしまいます。そのたびに、25分かけて集中力を戻すなんてもったいないですよね。

机の上からものをなくす

いちばんポイントとなるのは、仕事をする机の上です。

視界から今取り掛かっている仕事以外のものは完全になくすことが、集中して効率的に働くための環境で一番のポイントですから、卓上には何も置かないようにしましょう。

すべてのものを収納できないという場合は、段ボール箱を用意して、机の上の物をいったん移し、まっさらなデスクにするだけでも効果があります。

全画面モードで仕事する

同じ理由でPCのスクリーンも、1つのものしか目に入らないようにしましょう。いくつかウインドウが開いていると、それだけでも注意力が落ちます。スクリーンには常に今作業しているもののみを開き、全画面モードで作業してください。

使用頻度で収納場所を決める

仕事以外でも整頓された環境は大切です。もしも「使いにくい」と感じる場所があったら、それはものが多すぎるサインです。**そういった場所はリストアップしておいて、休日にまとめて整理するといいでしょう。**

整理にとりかかる際には、いくつかルールを決めましょう。

整理整頓のルール

小物を整理整頓したいときには、僕は次のように基準を決めています。

・1日に1回以下しか使用しないものは「見えない場所」にしまう
・1日に何度も使用するものは「いつでも手に取れるところ」に置く

たとえばPC、イヤフォン、コーヒーメーカー、ティッシュなどは、毎日何度も使うから見えるところに出しておいてOK。

でもハサミなどの文房具や日記帳、掃除機などの家電は多くても1日1回までしか使わないので、収納場所を決めて視界に入らないようにします。

先に理想の状態を想像する

気がゆるむとカオスになりがちな「引き出しの中」は、**「理想の状態」を先にイメージしましょう。**

「どうやって片づけるか」よりも「理想の状態」を考えるのが近道です。

もし理想が「引き出しを開けたときに全部のものが見える」という場合、二段トレーだと全体が見えないため、二段トレー収納をやめる判断ができます。ペン類が多すぎたら減らすこともできます。

資料をまとめるのにホチキスをよく使うから「引き出しを開けたらすぐにホチキスを手に取れるようにしたい」というのが理想なら、引き出しの一番手前にホチキスを置けるレイアウトが自然に決まります。

基本は印かんやクリップなども手前に置いた方が使い勝手がいいでしょう。

中段や下段の引き出しは、たいてい少し厚みがあるはずです。あまり頻繁に開ける場所とも思えないので、僕は名刺や辞書、保存書類などをフォルダで整理して収納しています。

このように、使い勝手のよい理想の状態から逆算した方が、解決策が早く見えてきます。

Tips!

ロシアの心理学者、レフ・ヴィゴツキー氏の研究によると、子どもたちに「じっとしていなさい」と指示しても動いてしまうのですが、「ガードマンになって」と言うとじっとしていることができるそうです。

人間は役割を演じたり、何かに成りきることによって、特定の行動をスムーズにできるようになるのです。これを自分に応用するのも１つの手です。

僕の場合は「片づけ士」という役割にしました。１日の始まりや１週間のプランニングのときに「片づけ士」としてどこを片づけるか考えるようにするのです。プロとして客観的に見られる「片づけ士」に定期的に登場してもらうことで、整頓された状態を維持するのに役立っています。

時間を縮める

後悔している時間をなくす

過去の失敗を思い出して「あのとき、こうしていれば……」と落ち込んだり、休日をダラダラ過ごして自分を責めたり、感情的になって誰かにひどい言葉を言ってしまった自分に落ち込んだり……こうした後悔の時間は、脳の注意力を散漫にするため、いつもならサクサクできる仕事に倍以上の時間がかかってしまいます。

過去の出来事から反省点を学ぶことは大切ですが、ただクヨクヨしているなら、楽しいことに時間を使いたいですよね。

気になることを頭から追い出す

こうした不安や悩みにとらわれてしまっている状態は「ツァイガルニク効果」の影響といえます。「ツァイガルニク効果」とは、心理学者のクルト・レヴィン氏とブルーマ・ツァイガルニク氏によって提唱された**「完結していないものの方が興味をひかれてしまう」という脳の現象**です。

たとえば連続ドラマなどでも、最後に何か大きな事件が起こって終わることがありますよね。すると、続きが気になって来週も見たくなります。これは「終わっていないから気になってしまう」というツァイガルニク効果を利用したものです。

仕事でも、ちゃんと終えた仕事より、途中で担当を交代したり、とん挫したプロジェクトの方が印象に残っていることはありませんか？

後悔はこのメカニズムで**「未完了だから」気になって何度もそのことを思い出してしまう**のです。

だから一度区切りをつけて終わりにしてあげる必要があります。区切りをつける際には次のステップを踏むといいでしょう。

ステップ1　後悔を「紙に書き出す」

最初のステップは、頭の中にある後悔を紙に書き出すことです。後悔の恐ろしいところは、時間を無限にとられてしまうことです。でも、頭の中だけで「ああすればよかった」「これをしなければよかった」と思っていても、目の前の現実は何も変わりません。

ところが、それを紙に書き出すと、頭の中に余白ができます。「ライティングセラピー」という療法があるくらい、**書き出すことは感情や思考を整理することにつながるのです。**

書く際には先にただ事実を書き、その後で自分の気持ちを書きましょう。

事実と感情を分けることで客観的になれます。

ステップ2　「気づき・学ぶ」

次に、自分が後悔している本当の理由を理解しましょう。ただクヨクヨしていては学びがありませんが、紙に書き出して出来事や感情を客観的に見ると、自分が「つまずいた原因」がわかってくると思います。どこで間違えたのか、過去に戻るとしたら、どの行動を変えれば今が違っていたと思うか、そのポイントを振り返ります。

つまり、**失敗体験を貴重なフィードバックとしてとらえ直す**のです。

ステップ3 「決意」する

最後に、**もう一度同じことが起きたら別の行動をとる決意をかため、終わりにします**。

何度も思い出してしまう出来事や、繰り返し後悔の気持ちがよみがえってくるのは、あなたの中で「決意」されていないからです。

食べ過ぎて後悔しているなら、「明日の朝、起きたら走ってこよう!」という決意をすれば、クヨクヨしなくなるかもしれません。仕事の後悔なら「次はもっと早めに確認しよう」と決意すれば、今回は仕方なかったと思えるかもしれません。人生で起きるすべてのことから学びは見つけられるはずです。

こうして、後悔の時間を終わらせれば、もっと生産的な時間の過ごし方ができるようになります。

人間には「**後知恵バイアス**」といって、実際にはそのとき予測不可能だったことに対しても「もっと別の判断ができたはずだ」と考えてしまう傾向があります。しかし本当は、今は結果を知っているからそう考えられるのです。

3つのステップを通して客観的に振り返れば、こうした後悔のスパイラルから抜け出すことができます。

Tips!

ちなみにこの「ツァイガルニク効果」を利用して自分によい行動をとらせることもできます。たとえば「積ん読」です。

難しそうだったり分厚かったりして、「いつか読みたいけどなかなか手が出ない本」を買って積ん読しておくと、「ああ、あの本はまだ読んでいないんだ」と、脳が常に気にして興味が持続し、読める日がきます。すぐには読めなくても、気になったときに本を買うのは正解というわけです。

とくに、数ページ読み出してしまうと効果抜群です。なんとか読み終えたいという気持ちが強くなるので、読み終える可能性が上がります。

行動力を科学的にアップさせる方法

やればいいことはわかっているのに、なかなか手をつけられないことってありますよね。あなたも、自分にもっと行動力があったらなあと思ったことはありませんか？

でも、行動力は誰でも科学的にアップさせることができます。

ゲーム化すると脳は喜んで仕事する

行動力をアップさせるのに最適なのが、タイマーを使ったタイムマネジメントです。**とくに「作業系のタスク」は「タイマー」をかけて「ゲーム化」**すると、サクサク進みます。仕事でも家事でも同じです。

人間の脳は、**ゲームになるとクリアを目指そうとする機能があります**。だから「15分でこの3タスクを全部完了させる！」というようにゲーム化すると、モチベーションが上がるのです。

ニューヨーク・タイムズ紙の記者のチャールズ・デュヒッグ氏によれば、ピッツバーグ大学で行われた実験で、人がいかにゲームにはまりやすいかが証明されています。

その実験は、1～9までの数字がコンピューター画面に表示される際、被験者は前もって画面に表示される数字が「5以上」かそうでないかを推測する、というものでした。どちらにしても、実際の確率は2分の1なのですが、予測が当たると被験者の脳が興奮を示し、実験が終わっても「持ち帰って家でもやりたい」と言う人も出たくらいです。

これは、ゲームが面白いものだったからでしょうか？　それを確かめるため、次に研究者は、コンピューターに同じ予測をさせ、被験者には予測が当たるかどうかを「ただ見て」もらいました。すると、被験者の脳は、期待も興奮もまるで感じませんでした。

つまり、「自分がゲームに関与しているからこそ興奮していた」のです。**脳は、ゲームをするのが好きなのです。**

これを応用するなら、面倒くさい作業は、時間を区切ってクリアできるかどうかのギリギリのゲームにすれば、脳がやる気を出してくれることになります。

→ 計ってみると、大半のタスクは数分で終わる

しかも、時間を計ることは、厄介な作業に取り掛かるハードルを下げることにも役立ちます。

たとえば「お皿を洗うのが面倒くさい」と思っていたとしても、ストップウォッチで実際にかかった時間を計ってみると、**「なんだ、たったの3分か……」**ということがほとんど。

すると、「面倒だな……」という思考のクセにはまりそうなときに、「いや、3分だから今やっちゃおう！」へと変えることもできるようになります。

→クリエイティブワークは終了後の予定次第

じっくりした深い思考が必要なもの、クリエイティブなアイデアが必要なことについても、1時間後に締め切りを設定すると、ぐっと集中力が上がります。とくに、1時間後にご飯を食べる、1時間後に家を出る、など「次の行動」を決めてしまうと、それまでに終わらせなくては！」と脳が集中するようになります。

これを繰り返していくと、**雑用全般に対してフットワークが軽くなったり、自分が何分くらいなら集中力がもって、どのくらいの疲労度になるか、ということがわかりますので**、今後のスケジューリングの立て方もスムーズになります。

タイマーを使いこなす

やり方としては、作業をする前に「何分」と決めてタイマーをセットします。iPhoneで設定してもいいですが（「Hey Siri、10分たったら教えて」でOKです）、スマホの充電が減るのを気にしている場合や、スマホを触ることで集中力が途切れるのを避けたいときは、PCアプリでタイマーセットしてもいいでしょう。

たとえばWindows10なら、タスクバーにピン留めできる「アラーム＆クロック」というシンプルなタイマーアプリが備わっています。

ただし、タイマーのアラームを利用するためには、「アプリの通知を ON」にしなければなりません。するとその他のアプリの通知やメールが届くたびにポップアップ通知も届くようになったりして、気が散る原因になる可能性があります（195 ページ参照）。

だから僕のおすすめは、無料アプリを使うことです。

Recommend!

タイマー無料アプリ

・SnapTimer　インストール不要で使える超シンプルタイマー（ダウンロードは必要）。5 分刻みでタイマー設定ができる。Windows 向け。

・CoolTimer　テキスト表示もできるのでリマインダーにも使えるタイマー。Windows 向け。有料版もあり。

・Gestimer　複数のタイマーを同時にセットでき、画面のツールバーにも固定可能。僕はこれを使って自分のルーティンを管理しています。Mac 専用。

・Timer RH　超単純機能で使いやすいタイマー。複数同時セットも可能。Mac 専用。

他にも無料のタイマーアプリはたくさんあります。数日前からカウントダウンできる機能がついているものなどもありますので、自分にあった使いやすいものを探してみてください。仕事だけでなく、ネットサーフィンや動画視聴の時間を区切るのにも使えます。

タイマー使用のルール

タイマーを使う際に守ってほしいルールは2つです。

1つは、自分が「この時間なら集中していられる」という最小時間をセットすることです。

目安としては、まとまった思考が必要な仕事なら1時間を上限とし、単純な作業で飽きずに終わらせたい場合はゲーム感覚になる10分を上限に設定するのがおすすめです。

2つ目は、**タイマーをセットしたら、スマートフォンを見えないところに置くこと**です。多くの人は、どこに置いても触らなければいいだろうと考えていると思いますが、実はスマートフォンが視界に入るだけで、人間の認知機能が下がることが実験で証明されているのです。

また、慣れてきたら、タイマー以外のものを使って自分をコントロールすることもできます。

たとえば、

・この2曲が終わるまでに、段ボールをまとめて、捨てて、戻ってこよう

とか、

・お風呂のお湯がたまるまでに10分かかるから、その間に机の上を片づけて何もない状態にしよう

といった感じです。こういった外部の刺激をうまく使えば、タイマーをセットしなくても動けるようになります。

一番大切なのは、時間を区切って動き始めることです。

Experiments!

テキサス大学で行われた実験でスマートフォンが視界に入るだけで「脳から能力が漏れる（Brain Drain）」ことが証明されたものがありました。被験者となった学生たちは、マナーモードにしたうえで、それぞれのスマートフォンを、

「机の上に置くグループ」

「バッグにいれるグループ」

「隣の部屋に置くグループ」

という3つのグループに分けられて、認知能力を測るテストを行いました。

結果、もっとも成績が良かったのはスマートフォンを「隣の部屋に置いたグループ」で、もっとも成績が悪かったのは「机の上に置いたグループ」でした。とくに使ったり触ったりしなくても、スマートフォンのような気の散る存在を意識するだけで、人間の注意力は吸い取られてしまうのです。

終わらせたくなるTo-Doリストのつくり方

生産的な1日を過ごすうえで、To-Doリストをつくることは欠かせません。とはいえ、ただやるべきことをだーっと書き出すだけでは効果的とは言えません。ここでは本当に脳がサクサク動くようなリストを書きましょう。

To-Doリストをカスタマイズする

To-Doリストをうまく使えていないという理由の1つに、「やりたいことがあいまいだから」、そして「時間のイメージができていないから」が挙げられます。

→具体的な作業を書く

リストをつくる際に大切なのは、「その行動をしている自分」がイメージできるかどうかです。人は、イメージできることしか行動に移せません。

たとえば「机の上を綺麗にする」と言っても、具体的にどこを片づけたら綺麗になるのかがイメージできない人にとって、この書き方では効果がありません。

・書類を企画ごとにフォルダーに分ける

・終わった仕事の書類は予算部分のみスキャンして処分する

など、具体的な行為を書いてこそ、行動に移せるのです。

得意なことと不得意こと、経験の有無は、千差万別です。なかには「銀行へ提出する事業計画をつくる」だけでイメージできる人が、「出張先のホテルを予約する」だとイメージできないこともあるくらいです。

過去にも経験があったり、スキルのあるものに関しては大雑把に書いてもイメージできるのですが、そうでないジャンルのものは細かく作業を分けて書かないと、To-Do リストに書いてもあまり効果が出ないのはそういうわけなのです。

→ かかる時間を予想する

具体的なリストをつくったら、横に所要時間を予想して書き込みましょう。**所要時間を考えることで、１日で到底終わりそうもないリストをつくることを避けられます。**

時間の使い方が下手だと感じている人は1日の時間の「見積もり」が下手なことが多いものです。そのため、正確に見積もりできるよう意識的になることで今後のスケジューリングが改善していきます。

優先順位をつける

To-Doリストは、優先順位をつけることも大切です。

A：最優先（真っ先に終わらせる）
B：今日中にできたらいい
C：今日やらなくてもいい

として、To-Doリストの横にA、B、Cを振り、できればAはスケジュール帳に書き込みましょう。絶対にここで終わらせるんだ、という決意をするための儀式です。
「この時間はこれをやる」と手帳やWebカレンダーに書き込むことは、脳にとって大きな縛りになります。人は、どうしても目の前のことや、ふと思いついたことに時間が奪われてしまいがちですが、こうすることで、「絶対に終わらせなければ！」というプレッシャーをかけることができるからです。

1日の終わりに5分だけ振り返る

効果的なTo-Doリストをつくるには、振り返りが大切です。1日のTo-Doリストは終わった瞬間に捨てるのではなく、夜までとっておきましょう。そして、5分間だけ見直しをします。

僕も振り返りをすることで、「30分あればできる」と思ったら1時間かかったり、「1時間あればできる」と思っていたものが、実は3時間かかっていたことに気づくことができました。

どうりでいつも時間が足りなくなったり、先延ばしにしてしまうわけです。

できれば、そこで見えた気づきを1行程度でいいので手帳にメモしてもいいと思います。

「上司に相談したら、予想していた時間の半分で終わった」というような今後にいかせる気づきも、書き留めることでより記憶に残りやすくなります。逆に、「下調べもせずに上司にやり方を聞いたら、お説教で1時間消えた」というような反省ポイントも、メモすることで学びになります。

こうしたことを繰り返すことで、時間の見積もり力が大きくアップします。

Plus!

世界的ベストセラー『人を動かす』の著者、デール・カーネギー氏は、「FTD」という書類を保存しています。「Fool Things I Have Done（私の愚かな行為）」の略です。そこには、彼が記録してきた「改善点」があり、そうした改善点の積み上げが世界的な作家をつくったのです。反省することの大切さを改めて教えられるエピソードですよね。

タスク管理は好みのツールで

タスク管理をする際、どのような方法が向いているか迷う人は多いと思います。

→アプリを使う

Gmailを使っている人におすすめなのが、Google ToDoです。Gmailやカレンダーと同期すれば、スケジュール管理しやすく便利です。

他にもMicrosoft To Doも、メールやカレンダーと同期できますし、その他、無料で数人で共有できるTo-Doアプリもあります。ジャンルを分けたリストを何本でもつくることができるものは、アーティスト・デートのリストや、片づけたい場所のリストなど、複数のリストを管理できて便利です。自分の用途に応じて便利なアプリを探してみてください。ただし、完了するとタスクが消えてしまうアプリもあるので、あとで完了したタスクも含めて振り返りをしたい人は要注意です。

→付箋を使う

これは、タスクを付箋に書いて、終わったらその都度はがし、別のところにまとめておいて、夜の振り返りをしたら一気に捨てる方法です。僕はこの方法を採用しています。終わって付箋をはがすのが快感のため、もう10年以上このやり方でやっています。

付箋なら貼り替えも簡単なので、その日の予定に合わせて順番を入れ替えたり、翌日に持ち越すのも簡単です（本当は持ち越したくないですけどね）。

紙に自分でリストを書く

イチから自分の手で予定を書く方が好きな人にはこれでしょう。実際に手で書くため、その日のタスクをもっとも脳に記憶させ、終わらせようというモチベーションを上げられるのはこの方法です。

終わったら、太いマジックで×をつけたり、二重線で消すと満足感も大きいので、気合を入れてたくさんのことをこなす日は、僕も手書きにしています。

それぞれ自分にあった方法や、忙しさや仕事内容によって使い分けると、さらに効率的に自分を操ることができるようになります。

時間を縮める

1日の段取りを考える

効果的なTo-Doリストをつくったら、次はとりかかる順番を決めましょう。

「まずAをして、次にBをして、そしてCをして、ランチへ行く」

こんなふうに、作業の流れを決めておくと、ひとつひとつの行動力がアップして時間を短縮することができます。

段取りノートをつくる

やりたいことを詰め込んだだけでは、スケジューリングはうまくいきません。急な仕事が入って中断したり、想定していたより時間がかかる作業があっては、予定が崩れてしまうことも起こり得ます。

スケジュールをつくるのは、今日1日の勝算をアップさせるため。そのためにも段取り・シミュレーションはとても大事です。僕はこの1日の流れを書いたものを「勝算ノート」と呼んで、毎朝つくるようにしています。

→ 予定外の行動をブロックする

スケジュールが完了できなくなる理由の1つに、「予定外のことをするから」があります。

だから、勝算ノートをつけることで、自分がどういうときに予定外の行動をするのかを知りましょう。

僕の場合は、

・移動すると予定外の行動をしやすい
・昼食や夕食を食べた後に予定外の行動をしやすい

ことがわかっています。

そのため、移動時に目に入ったものにひかれて寄り道しないよう気をつけたり、ルートを選び直したり、あらかじめ寄り道時間を組み込んでスケジューリングすることで、流れが乱れないようにすることができます。

→ 私用も含めたTo-Doリストにする

頭の中を整理し、今日の課題をしっかり把握するためにも、To-Doリストを書き出すことは大切ですが、仕事上ではつくっていても、プライベートのことは書かないという人も多いと思います。

でも、僕は**仕事もプライベートも一緒にしたリストをつくることをおすすめします**。たとえば「銀行に行って○○の手続きをする」というタスクなども、一緒のTo-Doリストに入れておけば段取りをつける際に、「ランチをとったら、銀行まで歩いて行って済ませられる、じゃあ、ランチはあそこのお店に行こう」というようにスムーズな流れがつくれるからです。

作業をまとめる

タスクを片づける際には、「これとこれはまとめてやるとラク」といううまくいくパターンを蓄積しておくのもいいと思います。

「書類を書く作業」だからといって、Aの書類とBの書類をまとめて1時間で書こうと決めても、ジャンルや形式の違う書類を同時に書くことで効率がよくなるとは限りません。

逆に「ゴミを捨てる」のと「プレゼンの資料を作成する」を組み合わせると、ゴミを捨てに行く間に頭でぼんやりとプレゼンの内容をイメージしておいて、戻ってきてからイメージを具体的に資料に落とし込む、といった流れができるため効率がいいという場合もあります（僕はそうです）。

「タスク」は単体ではなく「流れ」で考えると、徐々に自分の必勝パターンができてくると思います。

料理をしている間にオーディオブックを聞くとか、ジョギングをしながら1週間の振り返りをするとか、トレーニングをしながら部屋の片づけのプランを立てるなど、**「考える」タスクと「身体を動かす」タスクは相性がいいものです。**

ぜひ自分だけの組み合わせを試してみてください。

「ながら作業」で効率を上げる

マルチタスクは脳の認知機能が落ちるという説がありますから推奨できませんが（192ページ参照）、**脳の違う場所を使う作業は、同時に行っても効率が落ちないことがわかっています。**

「判断」や「思考」のいらない作業

コンサルティング会社のCEO、デボラ・ザック氏は、「2つの無関係な作業があったとして、そのうち1つが意識的な努力を必要としない場合のみ、それらを同時におこなっても不利益はない」と著書『SINGLE TASK 一点集中術』に書いています。

ここでザック氏が推奨しているのは、

・音楽を聴く
・書類をファイルにまとめて収納する
・簡単な食事の支度をする
・ごく単純な手作業や修繕をする

などの「判断や思考を必要としないもの」。これらに限っては、判断や思考と並行して行っても脳の認知機能は落ちないので、企画書やレポートなどの内容を考えながら行ってもいいとしています。

テレビを見ながらストレッチをしたり、ランニングマシンで走りながら音楽を聴いても、どちらかに専念するより気分が上がって効果が出やすくなりますよね。

「15分タスクリスト」で隙間時間をムダにしない

こうした「ながら作業」を有効に活用するためには、ふだんから作業系の仕事をリストアップしておくと役に立ちます。

15分以内でできるタスクを思いついたら、かたっぱしからどこかにメモしておきましょう。

スマホのメモ帳に書いてもいいですし、付箋に書いてデスクに貼っておいたり、専用のTo-Doリストをつくってもいいでしょう。

たとえば、

・確認したいこと（ネットですぐ調べられるもの）
・特定のメールの返信
・メールや電話でできる仕事の発注
・発送やプリント、ファイリングなどの作業
・引き出しの1段目など、場所を限った片づけ

などが当てはまります。

別の仕事中や朝などにふと思いつくことも多いと思いますので、その都度書き出しておきましょう。

これがあると、**ちょっと集中が続かないなと思ったときに、気分転換として取り組むこともできるので、時間のムダがなくなります。**

クリエイティブワークは広がりと深さを出す

もう1つ、並行することで効果的なのが、**「同時に考えることで、クリエイティブさが増すもの」**です。

同時並行で思考することで発想が広がるものは、一緒に考えるとアイデアがわきやすくなります。

たとえば僕は、講演が複数あれば、それらを同時に考えます。すると「今の思いつきは、Aのセミナーじゃなくて、Bのセミナーで使えるな」ということが起こります。

セールスパーソンが「クライアント10人の表情」を同時に思い浮かべて、それぞれに対して何ができるかと考えていれば、「Aさんへの相談内容に答えようと思っていたことが、Xさんにも伝えられるな」と新しい提案が生まれることもあるでしょう。

文章を書く行為は「思考・判断・作業」という3段階を経るので、途中で中断されると生産性が劇的に落ちます。が、アイデア出しなどの考える段階では、**似たものは一緒に考えてみるのもクリエイティビティを伸ばす方法**です。

時 間 を 縮 め る

「先延ばし」ができなくなる方法

やらなければいけない仕事があるのに、つい先延ばしにしてしまうとき、人はダラダラと受動的な時間を過ごしてしまいがちです。

先延ばしをやめるためには、次のようなステップで取り組むようにしましょう。

4つのステップで自分を操る

先延ばしをやめるには、最初が肝心です。ここでは4つのステップで自分を動かしましょう。

→ 1とにかく「1歩目」を踏み出す

人は1歩目さえ踏み出せれば、そのまま続けて進むことができるようになります。マラソンも1歩の積み重ねです。

まずは紙とペンを持って、「START!」と書いてください。

→ 2「いつ、どこで、何をするか」を具体的に書く

これは、「if-then」というメソッドで、「もし○○だったら△△をしよう」と事前に決めておくことをいいます。日本語では「実行意図」と呼ばれる方法で、ここでは「START!」と書い

た紙に、**やるべきことを行う「場所」と「スケジュール」、予定が変わったときの対処法を書いていきます。**

ニューヨーク大学の心理学者、ペーター・ゴルヴィツァー氏らが行った実験では、クリスマス休暇の直前、2つのグループに分けた大学生に「休暇をどう過ごしたか」についての詳しいエッセイを書くようそれぞれ依頼しました。

締め切りはどちらも48時間以内ですが、1つ目のグループには、エッセイを書く予定の「時間」と「場所」を具体的に決めてもらいました。もう1つのグループには、とくにそういった指示を出さずに締め切りだけを伝えました。

すると、「時間」と「場所」を具体的に決めた学生たちは、そうでない学生に比べて提出率が2倍以上になったのです。

多くの人は締め切りを意識して「いつまでにやらなければ」とは考えますが、実際はそれだけではなかなか動けません。**「いつ」「どこで」やるかを具体的に計画することが重要なのです。**

→ 3 手順を明らかにして簡単なサイズに分ける

なかなか手をつけられないものは、わかっているつもりでも手順があやふやなことが多いものです。実際にやるときになって手が動かないことはありませんか？　それは、**具体的にどこから手をつければいいか、わかっていないからなのです。**

無意識と意識の関係はヴァージニア大学の心理学者、ジョナサン・ハイト氏によって「象」と「象使い」に例えられています。

私たちの「意識」は、象の上に乗る象使いのようなものであり、「無意識」という象が従順なときは、「意識」で自分を動かすことができますが、象が「動きたくない」「違うことをしたい」という欲求を持てば、象使いは無力になってしまうというのです。

意識がいくら「やらなきゃ!」と思ってもできなかったのは、無意識の抵抗だったのです。それだけ、**無意識の力は強いのです。**

この臆病でものぐさな象をうまく動かすには、次の特徴をおさえておく必要があります。

1　手順がわからないものは、戸惑うからやりたくない
2　初めてのことはビクビクするから簡単にしてほしい

つまり、この2点をクリアするようにタスクを細分化することが必要なのです。

→ 4 目的を明らかにする

また、大変な仕事にとりかかるときに一番モチベーションを上げるのは、**目的をはっきりさせること**です。

コロンビア大学の心理学者、ハイディ・グラント・ハルバーソン氏は、なかなか手をつけられない物事は、「目的を理解すること」で、やる気が上がると述べています。

つい先伸ばしにしてしまいがちなものは、「何のために必要な行動か」をはっきりさせることで意欲がアップするのです。

こういった場合、「そもそも自分の仕事は『誰の』『どんな悩み』を解決するためにあるんだろう?」と考えてみるのも、いいかもしれません。

Plus!

目標達成についての実験では、「うまくいくことだけ」をイメージする人より、「障害と対策」をイメージした人の方が達成率が高いという結果が出ています。ニューヨーク大学心理学教授のガブリエル・エッティンゲン氏は、リハビリをする患者に心理状態をたずねるインタビューをし、その後の回復のスピードを調査しました。

結果、「現実的な苦労を把握した上で、リハビリに取り組むことをイメージした人」は回復が早く、「すぐにラクによくなる」という短期回復のイメージをした人は、むしろ回復の兆候が少なかったのです。

つまり、ただ「うまくいく!」という楽観的な考えを持つのではなく、うまくいくためにどんな困難を乗り越えるべきか、具体的な行動や計画を立てて進める人だけが、障害を乗り越えることができたのです。

人を巻き込む締め切りを設定する

ほかには、「いつまでに、これをやる」と宣言し、他人を巻き込むというテクニックもあります。

他人に宣言するので自分にもプレッシャーがかかり、確実に効果が出ます。

決意を外に出す

宣言する際には、自分のことを応援してくれる人や、この人に約束したからには守らなければ、と思える相手に宣言すると、さらに効果が上がります。

僕が朝5時起きの習慣をつけようとしていたときは、一緒にトライする仲間をつくって、お互いにTwitter上で宣言しあったり、起床時間を報告しあいました。仲間がいると思うとやる気が持続できるので、これもおすすめの方法です。

仲間が見当たらない場合でも、Twitterで自分に宣言するだけでも効果があります。**やる気は、胸に秘めているだけでなく、外に出すことが大切なのです。**

語尾を言い切りにする

宣言するときには、「やりたい」ではなく「やる」と断言するのも大切なポイントです。

語尾を変えるだけで、「叶えばいいな」程度の願望ではなく「必ずやるんだ」と自分自身に思わせることができるからです。

先延ばしは脳に未完了のタスクをずっと覚えさせておくことにもなります。容量に限りのある脳を十全に使うためには、ひとつひとつ終わらせて、次の仕事に進みましょう。

積み残しの仕事は朝にやる

その日終えたいと思っていた仕事を終えられなくても、**残業は効率が悪い**のでできるだけ避けましょう。

「残業時間が長いのは日本企業の悪しき習慣」と言われていますが、実際には自ら残業してクタクタになることで「仕事したなあ」と達成感のようなものを感じている人も多いのです。

でも、仕事は成果で判断されるもの。自らを疲弊させることで安心するのはやめましょう。

残業をやめて早起きする

残業中の仕事の効率が悪いのは、脳の生産性が落ちるからです。『超一流になるのは才能か努力か?』で、一流の人のパフォーマンスを科学的に分析した心理学者のアンダース・エリクソン氏によれば、**人がもっとも高い集中力を発揮できるのは1日におよそ4時間**ですから、就業時間以上に働けば集中力が落ちているのは間違いありません。

ですから、その日のタスクが終わらなくても時間がきたら、とにかくいったん仕事から離れましょう。

仕事で疲れを感じることで充実感を得ようとするより、プライベート時間を楽しむことで疲れる毎日の方がいいですよね。

帰る時間を決める

人は、時間がたっぷりあるときよりも、時間がないときの方が効率的に動きます。**切迫感から判断の時間が短くなり、迷っている時間がなくなるからです。**急ぐことで物事に対する執着も減りますので、NOも言いやすくなります。

だから、毎日「この時間に帰る」と自分の中で終業時間を決めてしまって、それまでにタスクを終わらせようと集中すると、効率が上がります。

「終わらなかったら残業すればいいや」と思っていると、人はどうしてもだらけてしまうのです。

もしも時間までに決めた仕事が終わらなくても、決めた時間に退社することを守りましょう。続きは、疲れた頭でやるより、翌朝に回すのです。

もちろん持ち帰りもダメです。プライベート時間を削ることを避けた方が結果的に早く終わるものです。

早起きでカバーする

仕事が終わらなかった日ほど、早く帰って早く寝ましょう。

早く寝たぶん、翌朝4～5時に起きて仕事をした方がよほど効率がいいです。

朝イチは脳内ホルモンも分泌されているし、意志力も満タンで、よく働けます。朝の5～8時の間で、夜にする仕事の3倍以上のボリュームをこなせるはずです。

数日間かかる仕事のときは

数日間かかる仕事で締め切りが迫っているものに取り組んでいるときは、退社時間を決めただけでは乗り切れないこともあると思います。

そんなときは、次の手順で対処しましょう。

→カレンダーに予定を書く

月単位のカレンダーを用意し、「ここで落ち着くはず」という日にちを確認したら、

・仕事終了の日
・振り返りの日
・楽しみなイベントの日

の3つを記入します。

人間は、「楽しみなこと」がスケジュールに入っていると、それを励みに頑張れるものです。

「今日は疲れたからマッサージに行こう」とその日の気分で決めるよりも、「週末にマッサージの予定があるから、全力でそこまでやろう!」の方が、パフォーマンスが上がるのです。

できれば、「どこで」「誰と」「何をするか」まで具体的に書いた方が、モチベーションが上がります。

そのうえで、大幅な残業や休日勤務はさけなければなりませ

ん。長くかかる仕事こそ体調管理が肝心です。また、**安定して高いパフォーマンスを維持するには、意志力を使い果たしてしまうような消耗を避けなければなりません。**

反省ポイントを見つける

繁忙期を終えたら、カレンダーで決めた振り返りの日に、ゆっくり時間をとって反省します。

- 今回は何がこのドタバタをつくったのか
- 防ぐためには、どの段階で何をすべきだったのか

の2点を振り返りましょう。

多くの場合、「ここで手をつけていればこんなことにならなかった」という点が見つかるものです。

自分の裁量で決められないことや、突発的な事故が原因だったとしても、確認の日程を早めたり、先に取引先にスケジュールを伝えるなど、改善ポイントは必ずあるはずです。

きつかった仕事をせっかく終えたのですから、そこから何か学べる点を導き出して次の仕事にいかしましょう。

経理など、定期的に忙しくなることがわかっている部署の場合は、その前後の仕事の流れを調整するなど、年間で考えた改善ができると思います。

Plus!

気をつけたいのは、自分で決められないことに時間を使ってしまうことです。とくに管理者の方に多いのですが、部下の進捗を気にしたり、頻繁な打ち合わせに時間を使ってしまうと、エネルギーを消耗します。僕は、究極の時短は「管理しないこと」だと思っています。部下には判断も含めて任せられるように成長してほしいですよね。そのためにはマイクロ・マネジメントは避けた方がいいですし、完璧主義にも要注意です。

やりたくない仕事は目的をずらす

苦手な作業は目的をずらすとサクサク動けるようになります。これも1つの時短テクニックです。

苦手なことも続く工夫

たとえば会議のための資料をつくらなくてはならないとき、「来週の会議のため」だと思うとやる気が出ないと思います。

でも「ここでExcelを使いこなせるようになれば別の仕事も早くできるようになる」など、「スキルアップのためにやっている」と考えるようにするとやる気が出ます。

もちろん仕事のためだけではなく、「子どもに教えてあげるために覚えよう」などと考えるのもいいと思います。

エクササイズも同じで、「痩せるため」とか「健康のため」だと思うとできない人でも、仕事のパフォーマンスを上げるために「脳を活性化する」と思うとできる人もいます。

料理なら「健康のため」ではなく「肌を綺麗にするため」と考えると続くという女性もいました。

英語の勉強も「仕事のため」と思うと続かなくても、「旅行のときに楽しむため」と考えると、継続できるようになったりします。

24時間すべてを自分のために使おうと決意することで、人生の充実度は大きく変わります。すると、苦手なことも「自分のため」に取り組めるようになるのです。

好きなことをヒントにする

目的を置き換える際には、「ついつい自分がやっていること」から逆算して考えてみると、モチベーションをみつけやすくなります。

→ 報酬とセットにする

たとえば、つい「テレビを見る」時間や「お酒を飲む」時間を過ごしてしまう人の場合、

「なんのために自分はこれをやっているんだろう？」
「これをすることで自分は何を満たしているんだろう？」
と考えてみるのです。

すると、「とにかく現実を忘れたいんだな」とか「リラックスしたいんだ」というように理由が見えてきます。

それを**タスクとセットにするのです。**

英語を勉強する時間は「現実を忘れる時間」として仕事と一切離れ、楽しみながらやろうと決めることで、好きな映画や本を教材として選ぶこともできます。好きな映画を教材にして、繰り返し見ながらセリフを暗記したり、好きな本のオーディオブックを買って、英文を読みながらヒアリングするという勉強法もあります。趣味に関する英語サイトを見る、なども楽しく勉強を続ける定番の手段ですよね。

また、苦手な資料をつくるときは「好きなものを飲んでいいことにする」とか、「おやつタイムとセットにする」というふうにもアレンジできます。お気に入りのカフェでやるというように、場所をご褒美にするやり方もあります。

終了後に楽しみを用意する

集中力を要する慎重な作業の場合は、「これが終わったらお酒を飲む！」というように、終わった後にご褒美を用意する形にしてもいいでしょう。

近い未来にある報酬は、小さなご褒美であっても強力に作用します。

Point!

ローラ・ゲレティ氏とハイディ・グラント・ハルバーソン氏の実験で、目標達成にはどのような動機が効果的か調べたものがありました。実験では、被験者を2つのグループに分け、「自分の能力を証明するため」だと伝えて問題に解答してもらうグループと、「分析力を向上させるため」だと伝えて問題に解答してもらうグループを比較しました。

結果は、問題の難易度が上がるほど「分析力を向上させるため」のグループのモチベーションがアップしました。つまり、誰かの評価を求めたり、自分の能力を証明するために取り組むよりも、「なんらかの能力向上のため」に取り組んだ方が、人は粘り強くなるのです。失敗しても早く立ち直り、さらに能力向上のために努力を続けることがわかっています。困難な目標を達成するためには、このように考えると頑張れるんですね。

人は成長に喜びを感じる生きもの。どんなタスクも目的をずらせば楽しく感じられたり、やりがいを感じられるようになります。

忙しいときは誰しも視野が狭くなります。でも、あなたの人生の目標は「目の前の仕事を終わらせること」ではないはずです。

私たちは、自らが「意味を感じる」時間を過ごすことで満足感を覚えています。忙しいからといって、自分で意味を感じない時間を過ごすことは幸福度にはマイナスです。

もちろん社会人としては、いつもやりたいことだけやって生きていくことはできませんが、目的を自分にひきつけて考え直すことでモチベーションも変わるはずです。

苦手なことに取り組む時間も自分の人生の一部ですから、そこから何を得られるか貪欲に考えて、できるだけ楽しみましょう！

第4章

脳を効率よく使う

1日を通してパフォーマンスを安定的に保てれば、プライベート時間にエネルギー切れはおきません。
この章では脳の特性をおさえて、うまく使う方法を紹介します。

ルーティンを決める

「意志力」というのは自制心であり、セルフコントロールする力です。生まれつき強い人も弱い人もいますが、いくら意志力が強い人でも弱まってしまうときがあります。

意志力をセーブする

心理学者のロイ・バウマイスター氏は、何千人もの被験者を調査して得られた結果として次の2つを述べています。

1　意志力の量には限りがあり、それは使うことで消費する
2　あらゆる行動に用いられる意志力の出所は1つである

勉強だけでなく、ご飯を食べたり、人と話したりするのも、すべては同じ意志力を使っている、そしてそれは使うほどに減る、というわけです。

その意志力は、次の4つをするたびに消費されていきます。

1　思考のコントロール
2　感情のコントロール
3　衝動のコントロール

4　パフォーマンスのコントロール（取り組んでいる作業をやめたいと思っても我慢してやり通すこと）

これら4つのことを繰り返して意志力が消費されてしまうと、人は簡単に誘惑に負けたり、早く諦めたりしやすくなることがわかっています。

すると、仕事で大切な判断を必要とするシーンで冷静さを欠いてしまったり、挑発に過剰に反応してトラブルを起こしたりしてしまいます。

脳のパフォーマンスを維持するには、**余計な選択や我慢、感情を使うシーンを減らすことが得策**でしょう。選択するほどに意志力は減っていくのですから、脳を悩ませない方がいいのです。

せっかく朝の身支度が早く終わっても、残り10分で洗濯するか、エクササイズするか、片づけをするか迷っているうちについぼんやりテレビを見てしまい、「ああ、本当は時間があったのに！」と思った経験がある人も多いのではないでしょうか。

選択肢は絞っておかないと、ムダに脳を疲れさせてしまううえに、時間もムダにしてしまうのです。

選択肢を減らす

僕の場合、下着やTシャツは気にいった同じものをそろえ、部屋着もいつも同じにしています。スーツもローテーションになっていて、端から順番に着られるように整理しています。ネクタイもどれをとってもスーツと合うように用意しています。

判断にエネルギーを使わないよう、できるだけ選択の機会を減らしたいと考えているからです。

服に関しては、曜日で決める、天気で決める、トップスで決める、などいろいろな方法があると思います。

せっかくの朝のエネルギーを消費しないために、ある程度決めておくと、朝の支度が早くなります。

Point!

スティーブ・ジョブズも服に関しては統一していたことで知られています。イッセイミヤケのハイネックにリーバイス501、ニューバランスのスニーカーを毎日着ていた理由は、着心地、シンプルさ、美しさ、時短など、さまざまに語られていますが、コーディネートに脳のエネルギーを割かなかったことも間違いないでしょう。

そして、毎日同じ服を着ているからといって、私たちがそこから受ける印象も決してマイナスではないことも面白いですよね。

脳は刺激で支配される

そのほかにも意志力を保持するためにルーティンをつくっておくことは、脳のエネルギーを保つうえで非常に有効です。

たくさんある選択肢を検討しつつ、衝動的にならないように理性をコントロールすることは、膨大なストレスがかかります。が、あらかじめ決めておいたことを反復すると脳も「慣れ」て、エネルギーを節約して使えるようになっていくからです。

なかにはルーティンは決めないで「その日の気分でやることを決める方が好きだ」と考える人もいるでしょう。

ただ、**私たちが「その日の気分」と感じていることのほとんどが、「刺激に対する脳の反応」にすぎないことがわかっています。**

「今日はコーヒーより炭酸水の気分だな」と思っても、実際は窓を開けて外の熱気を感じ、冷たい飲みものが欲しいと身体が反応したのがその理由です。

「今日は読書の気分だな」と感じたのは、電車の中で本を読んでいる人を見かけたから、ということもあります。

これは「気分」というより**脳が「刺激の奴隷」になっている状態**です。

休日であれば、そうした刺激に身をまかせて過ごすのも楽しいし、それがクリエイティビティにつながるのですが、いつでもそれでは仕事を始める時間には脳は受けた刺激の処理だけで疲れてしまいます。

平日はできるだけルーティンを決めておくといいでしょう。

1日に処理できる情報はたった40？

社会心理学者のドリー・チュー氏によれば、**脳は多くの機能を同時に使って記憶や処理を行っているがゆえに、「近道」を好むそうです。**

職場で多忙な1日を過ごしたあと、家まで車を運転して帰宅すると、どう運転してきたか覚えていない、ということはありませんか？

あそこの信号は青だったか赤だったか、というようなディテールは一切覚えていないのに、ただただ身体が勝手に動いていたように感じる時間です。

あるいは、冷蔵庫を開けてバターを探していて、どこにもないと思ったのに実はずっと目の前にあった！　というようなことに気づくこともあると思います。

このように、人間の脳の処理能力には限界があり、いつもとっている慣れた行動は意識の裏側の低電力モードを使って行っています。これが脳のショートカット機能です。

研究によれば**私たちは1日1100万もの情報を脳で処理しなければいけない状態を生きていますが、そのうち意識的に処理できるのは40のみだそうです。**

だから、「知らないうちにやっていた」とか、「思わず言っちゃっていた」というように、意図していなかったことが起きるわけです。

よけいなことで**脳を忙しくさせないようにするには、必要なことはルーティンを決めてしまって、大切なことに脳のエネルギーをとっておいた方がいい**わけです。

日常に余裕をつくり出す

ルーティンを決めておいても「偶然」は起こります。英語で「セレンディピティ」と言われる「思いがけぬ幸運な出会いや発見」は、日々の中にたくさんあります。しかしそれも、ある程度の余裕がなければ気づけません。ルーティンを決めるということは、偶然を楽しむためのものでもあるのです。

心理学者のリチャード・ワイズマン氏が、店の入り口にわざと5ドル札を落とし、運と偶然のチャンスの関係を調べた実験がありました。すると、事前の調査で「自分は運がいい」と回答した人は、5ドル札に気づき、「自分は運が悪いと思う」と回答した人は、5ドル札に気づかなかったのです。

運についての考え方も、5ドル札への注意力も、余裕がなければ手に入らないでしょう。

ルーティンを決めておいた方が目の前で起きた偶然の大切さに気づけるという利点もあるのです。

それに、もし突発的なイベントや忙しさで生活リズムが乱れても、**ルーティンさえ決まっていれば、また戻れる**という安心感にもつながりますよ。

スイッチ代わりに使う

また、ルーティンは仕事に入るための「スイッチ」のような切り替えの合図に使うこともできます。「コーヒーを飲んだから気合を入れて始めよう!」というように、無意識にルーティンを使っている人もいると思います。

スポーツ選手でもバッターボックスに入る前の動作を決めたり、試合前の食べ物を決めている人もいますよね。自分をコントロールする方法は、知っておくほど役に立ちます。

朝のルーティンを決める

朝起きてから家を出るまで、または仕事を始めるまで、あなたは何分かかるでしょうか？

その間に決断することが増えれば増えるほど脳のエネルギー値が落ちますから、できるだけエネルギーをセーブできるような朝のルーティン・メニューをつくっておきましょう。

朝に整えるべき3つのこと

1日を始めるにあたって優先すべきは次の3つです。

・身体を動かしてやる気を出すこと
・瞑想や深呼吸などで脳をスッキリさせること
・1日のスケジュールの流れを確認すること

このほかにも、自分にとってモチベーションが上がるものがあったら、組み入れてオリジナルのものをつくってみてください。

ちなみに、ルーティンに慣れるまでは、起きてから「今日も頑張ってルーティンをやらなくちゃ」と思うよりも先に、枕元に用意した「ルーティン・メモ」に従って淡々と行うようにするとラクに習慣づけできます。

→ルーティン・メモをつくる

メモは細かすぎて悪いことはありません。僕が最初につくったメモは、下の図のように細かいものです。

- □グラス一杯の水を飲む
- □顔を洗ってジムウェアに着替える
- □ケータイでオーディオブックをかけてイヤフォンを装着
- □着替えとプロテインを入れたリュックと鍵を持つ

- □シューズを履いて外へ出てオーディオブックをオン

- □ジムまで軽くランニングする
- □気分がよくなるメニューだけをこなす
- □帰宅したらコーヒー用のお湯を沸かす
- □洗濯機にウェアをいれてシャワーを浴びる
- □着替えて瞑想10～20分
- □コーヒーを入れてノートを開き、今日のスケジュールを作成

これで所要時間は約90分。考えなくてもできるような超細かいメモを用意して、それを見ながら行動するようにしていました。

これが終わったらエネルギーが十分、頭もスッキリした状態で一番大切な仕事にとりかかることができます。

ルーティンがしやすい環境づくり

ちなみに僕は洗面台にジムウェアと下着をしまっています。朝起きたら、顔を洗ってパジャマを脱いで、すぐにジムウェアに着替えられるようにするためです。さらにはジムから帰ってシャワーを浴びたら、その場で下着をすぐ着られることにもつながります。**導線をシンプルにするとスピードが上がり、ルーティンを途切れさせることがなくなります。**

ロンドン大学の研究では、このような新しいルーティンは66日間挑戦すると習慣化されるそうですが、僕の観察では**7日間続けた段階で「こんな自分もいたんだ！」と発見できて、モチベーションが上がります。**

Recommend!

僕のルーティンは、朝5時に始まります。そのためアラームは4:58分にセットしています。起きてから水を飲み、顔を洗ってトレーニングウェアに着替えたところでちょうど5時になるようにしているからです。

5時ピッタリに「さあ、始めるぞ」と思えるように、起きる時間を設定しているのです。そんなことも、朝に勢いをつける1つの方法です。2分はけっこう大きいし、5時までに顔を洗うぞ！　と思うと気合が入るので、ぜひ試してみてください。

ホルモンを知れば スヌーズはいらない

スヌーズ機能は脳によくありません。

一度起きて、また眠って、また起きて、というのを繰り返すだけでも、脳は消耗してしまうのです。

「一発起き」は、思考に影響を与えるだけでなく、自信につながり、性格までも変えてしまいます。

起きてすぐ行動できるようになると1日を有意義に使えて幸福度も高まります。僕も一発起きができるようになって、毎日が変わりました。ここではスヌーズに頼らない目覚めのテクニックをお教えしましょう。

脳内ホルモンをコントロールする

まず、朝なかなか起きられない理由は単純に**「脳内ホルモン」の問題だと知っておいてください。**努力不足や怠惰などといった問題ではなく、**脳内に「覚醒するホルモン」が出ていないだけ**なのです。

だから「一度起きたら二度と眠くない」という日はきません。ただ、**「眠いけど、これはただのホルモンの問題で、5分後には消えている」**と自覚してください。そして、覚醒ホルモンが出るような行動を淡々とやっていきましょう。

方法1：寝室の外に目覚まし時計を置く

人は、「視覚情報」で次にとる「行動」を決定します。これは「アフォーダンス理論」と呼ばれるアメリカの心理学者、J・J・ギブソン氏が提唱した、認知心理学における概念をデザインに応用したもので、ものや環境が人の行動に影響を与えるという考え方です。

たとえば、駅にあるゴミ箱。「燃えるゴミ」「カン・ペットボトル」と書いて2つのゴミ箱を置いただけでは、人はなかなか分別してくれません。でも、カンとペットボトルの入れ口を「丸い穴」にすると、自然とカンとペットボトルは丸い穴のあいたゴミ箱に入れる行動が促されるのです。

スマートフォンがあれば見る。お菓子があれば口に入れる。マンガがあれば読む。人間とはそういうものです。

でも、物のデザインが私たちの行動を変えてくれることがあるのです。自分にも応用できたら、意志力も使わず最適な行動がとれると思いませんか？

同じように、目覚まし時計を廊下に置いておくだけで、止めるために部屋の外に出たときに廊下やリビングが目に入り、脳が二度寝より別のことを考え始めます。「あ、今日はゴミの日だ」とか「会議で言うべきことは何だっけ……」とかです。こうして「ベッドに戻る」ことから注意がそれるのです。もしかしたら、仕事の資料を目覚まし時計の横に置いておいてもいいかもしれません。

Check!

スタンフォード大学が行った自制心と社会的成功の関係を調べた有名な実験に「マシュマロ実験」というものがあります。

4歳児の前にマシュマロを置き、「帰ってくるまでの間にマシュマロを食べずに我慢したらもう1個あげる」と伝えて、15分間子どもを一人にするのです。

結果として、目の前のマシュマロを我慢して2つのマシュマロを手に入れた子は、目をふさいだり別のところを見て、「注意をそらした」子どもたちでした。逆にマシュマロを見てしまった子は、途中までは我慢しても、結果的に食べてしまっています。

→ 方法2：太陽の光が当たっている場所を見る

起き上がったら、できるだけ早く太陽が当たっている場所を10秒見るのも有効です（太陽を直視するのはダメです）。

セロトニン研究の第一人者である有田秀穂氏によれば、目が日光を感知すると、脳内に「覚醒ホルモン」が出始めます。そのため、**目を大きく開いて日光を見ながら10カウントすると、脳が目覚めてくるのがわかります。**覚醒ホルモンが出れば、やる気が上がります。

方法3：身体を動かす

朝起きたら5分でいいので身体を動かしましょう。身体を動かすと脳が目覚めて「行動できる自分」のスイッチが入ります。

ベストセラー『脳を鍛えるには運動しかない！』を書いたジョン・J. レイティ博士によれば、エクササイズをすると、成長を促す物質（BDNF）、ノルアドレナリン（集中を促す物質）、ドーパミンが出て、ぐっと意欲が上がることがわかっています。

多くの人は「やる気があるからエクササイズができる」と思っていますが、実際は逆で**「エクササイズをしたからやる気が出る」**のです。

寝起きに軽く身体を動かすものとして最適なのは、ストレッチです。縮こまった筋肉を伸ばして血流を改善しましょう。

僕はまず寝たままの姿勢で両腕を頭の上で組んで全身を伸ばしています。両腕は上に、両足は下に引っ張るように意識しながら全身を10秒間は長く伸ばします。

全身を伸ばしたら起き上がってベッドから降りて、その場で30回ジャンプします。**ジャンプも立派な有酸素運動です。**新鮮な酸素を取り込んで脳が活性化しますし、血行がよくなって体温も上がって身体が目覚めてきます。

二度寝のハードルを上げる

→ 方法4：ベッドメイクをする

起きるのがつらくても、わざわざベッドに戻る方がめんどうくさいと感じさせるのが、起きてすぐにベッドメイクをする方法です。シワを伸ばしたシーツやふんわりさせた枕を見ると、もう一度シワをつくろうとは思えないはず。

「ここまでしてわざわざ戻るのはめんどうくさい」と思えれば、勝ちです。お気に入りのベッドカバーなどをかけて見た目にも満足できるとなおいいでしょう。湿気が気になる人は掛け布団をめくっておくといいですよ。

→ 方法5：朝活のグループをつくる

友人や知人と朝活のグループをつくりましょう。一緒に決めた時間に起きてTwitterなどで報告しあうと、みんなも頑張っているんだと思ってやる気がアップしますし、サボりにくくなります。相互に監視するシステムをつくってしまうのです。

マインドセットを変える

方法6：朝に幸せな瞬間を持ってくる

朝に幸せを感じる時間をつくるのも有効です。好きな音楽をかけたり、好きな飲み物を飲むのです。

僕は朝日がのぼるのを見ながら、朝のコーヒーにココナッツオイルを入れて飲むのが喜びです。じんわりとした幸せを感じます。他の時間に同じことをしても、同じ感覚は味わえませんので、二度寝よりこちらを選ぶことができるのです。

方法7：「気持ちいい」と声に出す

脳は「正しいこと」よりも「楽しいこと」を優先します。

朝すぐに動き出せない人は、起きて動くことは「正しいこと」だとは知っていても、「気持ちいいこと」だと脳に学習させていないのかもしれません。

学習させるには、「気持ちいい瞬間」に「気持ちいい」と大袈裟に表現することです。

朝、窓を開けて外気を感じたら「ひんやりしていて気持ちいい」と口に出して言ったり、ジョギングをした後に「スッキリしたー」と言ったり、コーヒーを飲みながら「幸せだな～」と言ったりして、脳にインプットするよう心がけましょう。

あなたはいつも逆のことをしていませんか？

「ダメだ〜」とか「きつい〜」と声に出すと、「これは不快な行動だ」と脳に学習させてしまいます。
　声に出して言うことで、早起きはいいものだというプラスの意識づけができます。すると脳は朝が好きになっていきます。

それでも直らなかったら

　これでも朝寝坊が直らなかったら、最後は強制的に起きる方法をシェアしましょう。
　コロンビア大学ビジネススクールのシーナ・アイエンガー氏による『選択の科学』で紹介されて話題になった、スヌーズを1回押すたびに寄付するシステムです。
　これは「スヌーズンルーズ」という目覚まし時計で、アラームを止めるスヌーズボタンを押すたびに、あらかじめ登録しておいた自分の銀行口座に接続し、あらかじめ選んでおいた慈善団体にネット経由で自動的に寄付してしまう、というもの。
　メーカーでは、自分が応援したくない団体（たとえば全米ライフル協会とか）を登録しておくほど効果が上がると推奨しています。たしかに効果がありそうですよね。
　今でも使えるのか探してみたのですが、なんとiPhoneのアプリで似たようなものがありました。

Recommend!

おすすめアプリ

SnoozeJar…スヌーズボタンを押した回数を毎月知らせてくれて、その回数×設定金額分を実際に投資や寄付をするようすすめてくれます。本当に送金されるわけではないので、安心なぶん「スヌーズンルーズ」よりは効力が弱いでしょうか？

また、先ほどのアプリとは別に『選択の科学』内で一緒に紹介されていたウェブサイト「https://www.stickk.com/」は健在でした。

こちらはイェール大学の経済学教授ディーン・カーラン氏が同僚と立ち上げたサイトで、目標が達成できなければある金額をあらかじめ決めた相手や団体に寄付するという契約を結ぶシステム。

一度結んだ契約は破棄できず、目標が達成できなければ送金されてしまうそうです。スヌーズボタンとは関係ないので、ダイエットや禁煙などのために利用する人も多いようですが、どうしても起きられない、というときには試してみるのも面白いかもしれません。

朝のエクササイズは20分程度に

朝のエクササイズは、脳をブーストして1日のやる気をアップさせるために最適です。

全身の筋肉を動かし、脳に酸素を届けましょう。

脳を活性化する運動

脳を活性化するのは20分以上の有酸素運動と言われています。医学博士アンダース・ハンセン氏は次のように言います。

Quotes!

「歩くよりは走ろう。体に負荷がかかればかかるほど、脳はドーパミンやノルアドレナリン（集中物質）をたっぷりと放出する。理想的な心拍数の目安は、最大心拍数（220から年齢を引いた数字）の70〜75%だ。運動は朝にしよう。集中力を高めたければ、日中の早い時間、少なくとも午前中に行えば、その後もしばらくは効果が続く。（中略）可能であれば30分続けてみよう。少なくとも20分は続けたい」

——『一流の頭脳』

アンダース・ハンセン著、御舩由美子訳（サンマーク出版）

僕のおすすめは、毎日の朝のルーティンにエクササイズを入れること。できれば週に5日以上のイメージで行ってください。ちなみに、僕のおすすめのメニューは次の2種類です。

1　ジョギングを20分
2　ジョギング15分＋ウェイト・トレーニング30分（部位別）＋ジョギング15分

このくらいだと、疲労感なくエネルギーをブーストできます。

Plus!

以前、成田にあるヒルトンホテルに研究でこもっていたとき、朝8時にホテルのジムに行ってもほとんど人がいなかったのに、朝5時半〜6時に行くと外国人がたくさん走っていて驚いたことがありました。ランニングマシンが空いていないくらい混んでいるのです。

成田のホテルなので、彼らがパイロットなのか旅行客なのかはわかりませんが、外国までわざわざマイウェアとマイシューズを持ってきて走るくらい、彼らにとって朝早く運動することは大切な習慣になっているのですね。

僕が常にフォーカスしているのは、**「トレーニングした後の方がやる前より元気になっていること」**です。

トレーニングの目的は「脳をブーストして継続的にパフォー

マンスが高くなる身体と脳を手に入れること」ですので、身体を鍛えること自体は目的にしていません。あくまで「気持ちいい」という感覚を忘れないようにしたいところです。

身体を鍛えたい場合は朝ではなく、ランチを食べて1～2時間後、身体にエネルギーが行き渡っている午後3～4時くらいがいいでしょう。朝はあくまで脳をブーストすることを目的にしてください。

また、運動後にぐったりしてしまう場合はやりすぎのサインです。僕も、最初は1時間以上かけて一生懸命トレーニングをしていたのですが、帰ってきて猛烈な睡魔に襲われて熟睡してしまったことがありました。

朝のジムを観察するとわかるのですが、実際は**ほとんどの人が20分ほど運動をしたらパーッと帰っていきます**。出社前にパフォーマンスを上げるために身体を動かす人は、たいてい20～30分以内に引き上げることを知っているのです。

運動はストレスも軽くする

運動は脳をブーストするためとお伝えしましたが、実際には**脳だけでなくメンタル改善にも有効なことがわかっています**。

研究によれば、「うつ病の薬」と「有酸素運動」では薬以上に運動がうつ病に効果的であることがわかっています。

デューク大学における大規模な研究では、156人のうつ病の患者を「抗うつ剤を処方するグループ」「運動をするグループ」「両方を試すグループ」の3つに分け、その効果を調査しました（運動グループは週3回30分間のウォーキングかジョギングを70%以上の強度でしてもらっています）。

その結果、すべてのグループでうつの症状が大幅に改善されたのですが、面白いのはここから。半年後の追跡調査では、**「運動をしたグループ」の人たちが「薬だけのグループ」の人たちよりも症状が改善されていた**のです。運動の長期的な効果がよくわかります。

うつ症状も神経症も、運動で劇的に改善する

1990年代に発見されたBDNFという脳内物質は、ストレスホルモンとも呼ばれるコルチゾールの攻撃から脳を守ります。うつ症状の人は、コルチゾールが増えてこのBDNFが減ってしまうのですが、うつ病の薬を飲むことでBDNFが正常に戻るとわかっています。

それと同じ効果が運動によってもたらされ、そして薬よりも長期にわたって効果があることがわかったのです。

ほかにも有酸素運動は、脳に神経細胞を増やし、ストレスや不安を取り除き、うつ病や神経症にもなりにくくなり、より社交的になることがわかっています。

薬と違って副作用もなく、走るだけならお金もかかりません。まさに、やらない理由がないほどの最強の健康法です。ぜひ、毎日の習慣に取り入れて試してみてください。

夜の過ごし方で1日の満足度を上げる

寝る前の時間は、朝とは別の意味でルーティンが有効です。寝る前にすることは睡眠の質を左右し、翌日の気分や体調にダイレクトにつながるからです。

また、意志力が枯渇して誘惑に負けやすい時間帯でもあるため、とるべき行動をルーティン化することで睡眠時間を守ることができます。

明日のための夜の過ごし方

寝る前に必要なのは、脳をリラックスさせて自然に眠りへと促すような行動です。人間は不慣れなことをすると交感神経が活発になりやすい性質を持っています。

でも、寝るときには副交感神経が優位になっていないといけませんので、緊張したり、気合が必要な活動は向きません。

いつも通りのルーティンをすることで、脳は自然とリラックスします。

→ 翌朝の「理想の状態」をつくっておく

寝る前にすることは、翌朝のコンディションにつながります。そのため**「翌朝すぐに仕事にとりかかれる状態をつくるこ**

と」は大切です。僕の場合は「デスクの上を綺麗にしておく」ことを夜のルーティンの最初に入れています。

朝、ルーティンでせっかくエネルギーを充電しても、片づけから始めると余計なことに意志力を消費してしまいますから、座ったらそのまま仕事ができるような状態にしておくのが理想だからです。

もちろん、人によっては制服にアイロンをかけることだったり、To-Do リストを書くことかもしれません。翌朝起きたときの自分の理想の状態を想像して、行うべきルーティンを考えてみてください。僕は机の上を整えるこの時間が、1日の振り返りをする時間にもなっています。

読書習慣にはさまざまな利点がある

また、寝る前に絶対にはずせないのが読書です。

熱心な読書家として知られるビル・ゲイツ氏は、寝る前には必ず1時間の読書をしているそうです。

読書には知識を得るという利点はもちろんのこと、ストレスを下げ、記憶力を向上させる効果があります。

2009年のエセックス大学の研究によると、**1日わずか6分読書をするだけでもストレスレベルが最大68%も下がる**ことがわかっており、また読書の習慣のある人は、年齢を重ねたときに認知機能の衰えが平均で32%減少したというイギリスの研究報告もあります。

つまり、脳力アップにもストレスを下げるにも、大きなメリットがあるのが読書といえるでしょう。

仕事や刺激と直結するスマートフォンやPCと離れて本を手にするのは、寝る前の習慣として最適です。

スマホを別の部屋に置く

ニュースサイト、「ハフィントン・ポスト」の創設者であるアリアナ・ハフィントン氏は、睡眠を邪魔されないよう**ベッドに入る前にはスマートフォンを別の部屋に置いて寝るそうで**す。フェイスブックのCOOであるシェリル・サンドバーグ氏も同様に語っています。どちらもインターネット関連の会社の経営陣なだけに、スマートフォンが睡眠の邪魔になるというのは説得力がありますよね。

ハーバード大学の睡眠医学の教授であるチャールズ・ツァイスラー博士によると、スマートフォンの画面から出る光（ブルーライト）は脳に昼間であるかのように思い込ませ、スムーズな睡眠に入ることを邪魔するそうです。僕も寝室には持ち込まないようにしています。

Plus!

その他、海外の成功者のなかには、深夜に散歩したり、瞑想することで1日のストレスを軽減させる人もいます。自分にあった夜のルーティンをいろいろ試して見つけてみるのも楽しいと思います。

ちなみに僕は、夜に歩くといろいろなアイデアがわいてきて脳が興奮してしまうので、ナシにしました。

いいことを思い出して感謝する

僕の場合はさらに、ベッドに入ったら1日のうちでよかったことを思い出し、感謝しながら眠ることも習慣にしています。

ポジティブ心理学の研究によって、感謝するだけで脳からセロトニンやドーパミンなどのホルモン物質が放出され、気分がよくなるのはもちろん、幸福度が上がることがわかっています。

私たちは感謝することによって、自尊心が高まり、免疫システムが強化されます。結果的に人間関係にもいい影響があるのです。

また、これを習慣にすれば、脳内で感謝の回路が強化され、永続的に幸福感を高めることもできます。

感謝の対象は、誰かでも、自分自身でも、自然でも、なんでも大丈夫です。もちろん、口に出して相手に感謝を伝えれば、その効果は絶大ですし、「感謝ノート」のようなものをつけるのも効果的です。

でも、そこまでするのはハードルが高いという場合は心の中で感謝するだけでOK。

自分が、「誰かや何かに支えられて生きているんだ」と感じることが大切なのだと思います。

それなら今日から寝る前にできますよね。実際、とても穏やかな気持ちで眠りにつけますよ。

Plus!

眠れないときには、しっかりお風呂に入ることを心がけてください。シャワーだけでは身体の表面しか温められませんが、ゆっくり湯船につかることで身体の深部を温めることができます。

『スタンフォード式　最高の睡眠』の著者である、スタンフォード大学の西野精治教授によれば、40度のお湯に15分ほどつかって身体の深部を温めておけば、徐々に体温が下がって自然に眠りに入れることがわかっています。質の高い睡眠のためには身体の深部の温度が下がることが必要なのです。とくに、入浴を就寝時間の90分前に終えることで体温が適切にコントロールできる、と同教授は推奨しています。

食事と運動で脳をコントロールする

1日を通して脳を効率的に活用するには、時間帯と脳のエネルギーレベルの相関を知っておくといいでしょう。

意志力が高まる時間、低くなる時間

脳のパフォーマンスが上がるのは、下記の時間帯です。

1　起きてから間もない時間
2　やや空腹の状態
3　運動直後

つまりこの3つの要素を満たしている状態の時間に大切なタスクを入れれば、生産的に活動できることになります。逆に、意志力が下がるのが、

1　炭水化物や添加物の多い食事をとった後
2　夕方

です。このようなときは脳の回転が鈍くなり、意志力も落ちて誘惑に弱くなります。

つまり1日を通して生産性をキープするには、食事と運動を複合的に考えるのが科学的に正解というわけです。順に見ていきましょう。

食事で脳をブーストする

脳科学者であり3万人以上の脳画像のデータベースを持つダニエル・G・エイメン氏は、『元気な脳をとりもどす』の中で次の5つのポイントをすすめています。

→1　飲む水の量を増やす

脳の約80%が水分であることを見れば、もっとも大切なルールは、適切な水分を与えて脳をみずみずしく保つことです。ほんの少しでも脱水症状になると、ストレスホルモンの分泌が促進されてしまうので、のどが渇いていないと思っても意識的に水分をとりましょう。

→2　カロリーを制限する

ダイエットにはカロリーは関係ないという説も聞きますが、こと脳に限っては、多くの研究によって**カロリーを抑えた食生活をした方が脳の働きがよくなり、寿命も延びる**ことがわかっています。

少食を心がけると、神経成長因子の分泌が盛んになり、これが脳によい作用をもたらすからです。脳のためには多少カロリーを考慮した方がいいのです。

→ 3　魚と魚油をとる

魚に含まれているオメガ3脂肪酸のDHAは、学習や記憶、運動機能、言語、問題解決能力などをつかさどっている灰白質の大部分をつくっています、そのため、**オメガ3脂肪酸が多い食事をとると情緒が安定し、明るい気分で暮らせることが研究で分かっています。**モチベーション維持には気分がとても大きく影響するので、できるだけ食事でとりましょう。

→ 4　食べ物に含まれる抗酸化物質を摂る

果物や野菜に含まれる抗酸化物質を食事からとると、身体を酸化させてしまうフリーラジカル（活性酸素）の生成を抑える効果があります。

トマト、果物（とくに柑橘類）、キャベツ、緑色の野菜などにとく多く含まれているので、意識して食事でとりましょう。これはサプリメントより天然の食物由来の方が効果が高いことがわかっています。

→ 5　GI値の低い炭水化物を食べる

身体の中でもっともブドウ糖を必要とするのが「脳」なので、**脳をきちんと働かせるためには炭水化物を摂取しなければなりません。**

しかし、炭水化物をとりすぎると、膵臓からインスリンというホルモンが大量に分泌され、血糖値を下げる働きをします。すると血糖値が急激に下がってブドウ糖が脳にまわらなくなってしまうのです。脳のパフォーマンスを保つためには、単純に炭水化物をたくさんとればいいというわけではなく、**血糖値を安定させるような戦略的摂取が必要です。**

炭水化物はGI値（食べ物をとってから血糖値が上昇する程度を測定した指数）が低いものをとると、血糖値が急激に上がったり下がったりすることなく、脳の働きが1日を通して安定することがわかっています。

難しい問題などに答え続けて意志力がなくなってしまった人に「砂糖の入った飲み物」を与えると、「砂糖ナシの飲み物」を飲んだ人よりも意志力の回復が見られたという研究もあるのですが、実際には**GI値が高いものを摂取すると、短時間で脳を回復させるものの、すぐにまたガクンと下がってしまうことがわかっています。**

ローカーボダイエット（糖質を制限する食事）も流行しましたが、ダイエットの観点から見ても、炭水化物を抑えるより、GI値を低く抑えることの方が重要です。

Point!

ここまで見てきてわかるように、「ダイエット」と「脳の活性化」と「美肌」は、ほぼメカニズムが一緒です。「脳にいい食事＝美容と健康にいい」のですから、一石三鳥です！

心拍数でエネルギーレベルをコントロールする

日中、エネルギーが落ちてきたときには、軽い運動が有効です。

デール・カーネギー・トレーニング・ジャパン代表取締役社長のグレッグ・ストーリー博士は、**1時間ごとに身体を動かすこと、つまり心拍数を上げることを推奨しています。**

心拍数を上げれば、通常流れている以上の酸素と栄養を脳に届けることができます。

先にも引用した、脳とエクササイズの関係性についての画期的な研究結果をまとめた『脳を鍛えるには運動しかない！』では、2007年に行われたおもしろい実験が紹介されています。この実験では、50～64歳までの成人40人を2つのグループに分け、片方のグループには最大心拍数の60～70％を保ってランニングマシンで35分間走ってもらい、もう片方のグループには映画を観てもらい、それぞれ運動や映画を見る前と後に、認識の柔軟性を試すテストを受けてもらいました。

結果は、走っていたグループが、解答する速度や認識の柔軟性が走る前より向上していたのです。映画を見たグループでは、映画の前と後で認識の柔軟性に変化はありませんでした。

つまり、**脳は年齢に関係なく、運動によって柔軟性が増す、ということなのです。**

Quotes!

「[認識の柔軟性があればこそ] 考えを臨機応変に変えたり、型にはまらない独創的な解決策をつぎつぎに生み出したりできるのだ。午後に重要なブレーンストーミングの会議が控えているなら、昼休みに少々走りこんでおくのが賢い選択と言えるだろう」

——『脳を鍛えるには運動しかない!』

ジョン・J. レイティ、エリック・ヘイガーマン著、

野中香方子訳(NHK 出版)

座りすぎの生活をやめる

オーストラリアのネヴィル・オーウェン博士によれば、日本人は世界一長く座ったままの生活をしていて、世界平均が5時間のところ、平均7時間も座っている生活をしているそうです。

座り続けの生活は、血流や代謝が悪くなり、結果として狭心症や心筋梗塞、脳梗塞、糖尿病のリスクも高まるとか。脳の働きとしても、記憶力の低下や注意散漫になるといった弊害がありますので、定期的に身体を動かして、心拍数を上げなくてはなりません。

心拍数を上げるためには、大きな筋肉を動かすことです。身体の中でもっとも大きい筋肉としては、

1位　太もも
2位　お尻

の順番なので、この２つを定期的に動かすと効率的です（小さな筋肉を頑張って動かしても、心拍数まではなかなか影響しません）。

つまり、**一番効率的なのは「スクワット」**です。

「疲れているのにスクワットなんてムリ！」と思うかもしれませんが、やってみると「あれ？　さっきの疲れた感覚がなくなっている！」と気づきます。血流がアップし、脳が起きるからです。

一番いいのは、トイレに行くたびに**個室で20回スクワットをやってくる、など、ふだんの習慣とセットにしてしまうこと**です。

Point!

スクワットは、脳だけでなくダイエットにも有効です。トレーニングを習慣にしている人たちは、「腹筋を割りたいならスクワットをしろ」と言います。なぜなら、腹筋はもともと6つに割れていて、その上に脂肪が乗っているだけだからです。つまり脂肪を消費すれば、自然に腹筋が割れて見えるのです。腹筋運動は消費エネルギーが少ないので、大きな筋肉で大量にエネルギーを消費するスクワットの方が効率がいいというわけです。

昼寝で午後のダラダラを阻止する

どうしても脳が疲れを感じてしまったとき、眠気を感じているとき、昼寝をすることで脳のパフォーマンスを回復することもできます。

血糖値に従って行動する

イギリスの元首相、ウィンストン・チャーチルは、1時間ほど服も着替えて昼寝していたことが知られています。

Quotes!

「昼食と夕食の間に必ず眠るべきだ。それも中途半端ではいけない。服を脱ぎ、ベッドに入る。私は常にそうしている。昼間から寝ていたら働きが少なくなると考えてはならない。そんなものは想像力を持たない人々の愚考だ。眠ればより多くを達成できる。1日が2日分、少なくとも1日半になる」

——『スリープ・レボリューション』
アリアナ・ハフィントン著、本間徳子訳（日経BP）

お昼ごはんを食べた後は血糖値が上がってしまっていますから、脳がぼんやりしがちです。起きていてもたいして使い物にならないときは、思い切って眠ってしまうのもひとつの手段でしょう。

ハーバード大学のメディカルスクールによれば、年齢とともに夜に連続した睡眠をとることが難しくなることはありますが、**昼寝をすることで全体の睡眠時間を補うことができ、認知機能も向上することがわかっている**そうです。

昼寝がNGな場合を考える

とはいえ、昼寝はすべてを解決してくれる夢の手段ではありません。ここでは昼寝の注意点をおさえておきましょう。

- 12～15時以外の時間の昼寝
- 15～20分以上の昼寝
- 集中力が必要な作業の前の昼寝

→ 午後遅い時間＆長すぎる昼寝はNG

15時以降の昼寝は、夜の睡眠の妨げにつながります。ここでしっかり眠ってしまうと夜の寝つきが悪くなりますから、15時以降にどうしても眠くなったら、身体を動かすなどして気をそらし、夜早く眠る方にシフトしましょう。

また、入眠から30分を過ぎると睡眠が深くなってしまうので、20分を超える長い昼寝も避けた方がいいでしょう。一度深い眠りに入ってしまうと、ムリに起きても眠気や倦怠感が残ってスッキリしません。起きるときにもつらく感じると思いますから、脳は休めつつもシャキッと起きられる時間内におさめることは大切です。

寝つけなくても、10分程度目をつぶって静かにしているだけでも効果があるそうです。

→運転の直前などは避ける

昼寝から目覚めた後、すぐにトップスピードに覚醒するわけではありません。「慣性の法則」は脳にも作用します。運転の直前など、注意力や集中力を要する作業をする直前に昼寝するのは避けましょう。

上記のような条件を避けた適切な昼寝は、脳の疲れを癒してパフォーマンスを上げる効果も確実にあることがわかっています。自分の生活にマイナスの影響が出ないようにコントロールして取り入れるようにしましょう。

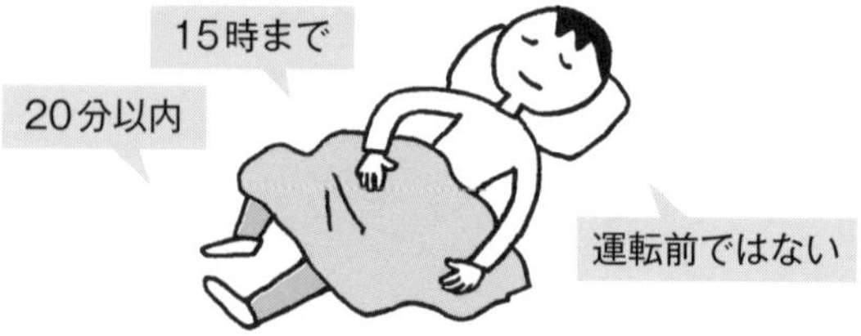

Plus!

睡眠研究を専門とする内村直尚氏（久留米大学医学部神経精神医学講座教授）によると、福岡県内で有数の進学校として知られている県立高校が、2005年から午後の授業前の15分間に昼寝タイムを6ヵ月以上導入したところ、大学入試センター試験の成績が飛躍的に伸びたそうです。

この午後の昼寝を週に3回導入した生徒たちの間では、午後の耐えがたい眠気が少なくなり、頭がすっきりして学習に集中できるようになった、また、成績も向上し、体調もよくなったというアンケートが出ています。

さらには76%は昼寝の効果を「実感できた」と答え、「必要だと思う」と答えた生徒は83%にものぼりました。

まとまって8時間などの睡眠時間を確保するのは難しいことが多いと思いますが、昼寝はうまく使えば、確かにさまざまな面で効果を上げてくれそうです。

カフェインは14時以降はとらない

僕は、脳のブーストに必ずしもカフェインは必要ではないと思っていますが、コーヒーやお茶などを飲む習慣のある人は多いと思いますので、ここでは効果的なカフェインのとり方を考えてみましょう。

カフェインで疲れはとれない

カフェインは、たしかに集中力アップに効果があるとわかっています。カフェインは脳に働きかけ、集中力を上げ、疲れを感じにくくします。同時にアドレナリンを増やし、覚醒状態にしてくれるのです。

『時間術大全』を書いたジェイク・ナップ氏とジョン・ゼラツキー氏によれば、カフェインは「眠気」や「疲労感を誘発する」物質と分子構造が似ているため、**脳を騙して一時的に疲労感を抑制できる**そうです。

ということは、疲労感を感じた「後」に飲んでも遅くて、その「前」に飲まないと意味がありません。「疲労を感じる前」に飲むからこそ脳を騙せるのです。つまり、**パフォーマンスを維持するためには飲むタイミングが非常に大切になります。**

目覚めてすぐはコーヒーを飲まない

両氏がすすめるのは、**起きてから3時間ほどたった頃から1杯目のコーヒーを飲むこと**。

朝は、カフェインをとらずとも覚醒作用のあるホルモン（コルチゾール）が出てくるので、そこでカフェインのムダ打ちをせず、覚醒ホルモンの作用が落ちてきてから最初の1杯目を飲むようにするのです。

14～15時以降はカフェインをとらない

そしてコーヒー好きに注意したいのは、午後遅くのコーヒー。カフェインの半減期は5～6時間。ということは、14時に摂ったカフェインは19～20時に血中濃度がようやく半分になります。つまり、**16時以降にコーヒーを飲むと、睡眠にも影響が出る可能性が大いにあるのです**。

14～15時になったら、別の飲み物でリフレッシュするよう心がけてください。

ちなみに僕は、炭酸水を飲むようにしています。炭酸でのどを潤すと、コーヒーとは違う爽快感が得られて、これはこれでリフレッシュできるのです。もちろん血糖値のためには無糖の方がおすすめです。

緑茶でゆるくカフェインをとる

コーヒーを飲む習慣のない人には、緑茶がおすすめです。**緑茶は、コーヒーよりカフェイン濃度が薄いので、少量のカフェ**

インを安定的に摂取することができます。

濃いコーヒーだと血中カフェインが大きく変動しますが、こちらの方が体質的にあう人もいるかもしれません。

Plus!

ちなみに、カフェインをとった後に運動をすると脂肪燃焼効果が上がるという研究もあります。カフェインは中性脂肪の分解を促進することがわかっているのです。運動直後の高揚感のようなエンドルフィンもつくりだすので、身体機能も向上します。

カフェインの効果がもっとも大きくなるのは飲み終えてから45分後。45分を超えると身体がカフェインを分解し始めるので、作用が低下していきます。つまり、コーヒーを飲み終えてから30〜45分ほどたってからウェイト・トレーニングを行うと、カフェインの効果を最大限に引き出すことができるそうです。

ただし、アメリカの「メイヨークリニック」は、1日のカフェイン摂取量は400mgを超えないよう警鐘を鳴らしています。これはホットコーヒー約4杯分に含まれる量だと言われています。徹夜仕事のときに頼りたくなるエナジードリンクと呼ばれるものには、カフェインを多量に含んだものもあります。ラベルを見て、含有量に気をつけてください。そして、カフェインのとりすぎに注意して、上手に付き合っていきましょう。

脳を暇にさせない

集中していたはずなのに、気づくと別のことをしていたり、ネットを見始めてしまう理由の1つに「脳が退屈するから」があります。

つまり、脳を飽きさせないように環境を工夫することで生産性をアップさせるのです。

頭のいい人ほど好奇心旺盛

脳は暇を嫌います。とくにスマートフォンを手にしてしまった私たちは、ちょっとでも時間が空くとスクリーンを眺めたいという欲望にかられます。

電車で車内を見渡せば、ほぼ全員がスマートフォンのスクリーンを見ている姿を目にするでしょう。なかには道路でちょっとした信号待ちの間でもスマートフォンを手にする人もいるほど。**脳は、数秒でも待てないほど暇が嫌いなのです。**

とはいえ、頭のいい人は好奇心が強いことでも知られています。好奇心は悪いことではありません。ここでは、好奇心を殺すことなく、脳を操縦する方法を覚えましょう。

Plus!

私たちの脳は好奇心いっぱいで、常に新しい情報を求めています。ジョージ・メイソン大学教授のトッド・カシュダン氏は、1795人の子どもたちの好奇心を調べ、好奇心が強ければ強いほど高い知能を獲得していたことを発見しました。

またトッド・カシュダン氏は60歳から86歳までの2000人以上のお年寄りを5年間にわたって調査し、好奇心の強い人の方が長生きできると紹介しています。

→ ご褒美を用意する

脳が退屈するのは、**長時間同じ仕事をしていて飽きたときです**。そのため、飽きずに作業を続けるには、自分にご褒美を用意するといいでしょう。

ボーリング・グリーン州立大学のジャーク・パンクセップ氏らが行った研究でわかったのは、脳は「ご褒美が得られたとき」よりも**「ご褒美が得られると期待するとき」にドーパミンというやる気ホルモンを出す**ということです。

楽しみな予定があると1日のエネルギー値が高くなったように感じることはないでしょうか？　遠足の前日に子どもが眠れなくなるのと同じで、「報酬への期待」でドーパミンが出ているのです。

これを利用するためには、自分にとってご褒美だと感じる報酬を用意しておくのが効果的です。

僕の場合は、「今日前倒しで締め切りを完了させたら、あの見たかった映画を見よう」というように、近い未来に映画という報酬を設定してやる気を出したりしています。好みによって、それがお菓子だったり、マンガだったり、どこかに出かけるという報酬でもいいと思います。

テトリスで脳を活性化する

気分転換にテトリスをすることも脳を飽きさせない方法になります。**テトリスは、脳を活性化することがわかっているのです。**オックスフォード大学の研究によれば、テトリスは記憶、注意、知覚的認識、思考、言語、意識において重要な役割を果たす**大脳皮質を厚くすることがわかっています。**1日30分テトリスを3カ月続けたグループとそうでないグループを比較した際、大脳皮質に明らかな違いがあったのです。

退屈を利用する

脳は退屈を嫌うがゆえに、何もすることがない状態になったとしても、勝手にいろいろなことを考え始めます。瞑想が難しいと言われるのは、この脳の自動思考モードゆえです。

でも、この脳の自動思考モード（デフォルトモードネットワーク）の状態は、人にクリエイティビティをもたらすことでも知られています。

クリエイティブ思考についての著書がある心理学者のスコット・バリー・カウフマン氏によれば、**脳はこのデフォルトモードネットワークの時間に記憶や情報の整理をするため、さまざまな情報がつながってひらめきを生み出しやすくなることがわかっています。**シャワーを浴びているときに新しいアイデアが生まれるというエピソードを聞くのはこのためです。

同氏による研究では、なんと世界中の72％の人がシャワー中に新しいアイデアが浮かんだ経験があるとわかったのです（ちなみにこの研究は世界シェア率ナンバーワンのシャワーヘッドのメーカー、ハンスグローエ社との共同研究だそうですが、それでも驚きの数字ですよね）。

あえて何もしない時間をつくることで、あなたの脳もデフォルトモードネットワークに入ります。ときにはこんな時間を楽しむのも、創造性を高めるために有効です。

脳を効率よく使う

質のいい睡眠で集中力を維持する

現代人の多くは睡眠不足です。**十分な睡眠が足りていない場合、集中力、注意力、判断力、記憶力など、すべての機能が大幅に下がることがわかっています。**マウスを用いた実験では、1日4～5時間の睡眠を3日間続けると、注意力に関する細胞が25%失われることがわかっています。つまり、**生物は、睡眠不足が続くと頭が悪くなってしまうのです。**

7時間以上は寝る

「National Sleep Foundation」は、26歳から64歳までの大人について7～9時間の睡眠を推奨しています。

睡眠はストレスを解放し、傷ついた細胞を修復する大切な時間でもあります。

嫌なことがあった日でも、寝て起きたらなんとなくスッキリしていることがありますよね。これは睡眠中に記憶が整理され、ストレスが除去されたからです。

幸福な人生はいい睡眠とともにあるといっても過言ではありません。

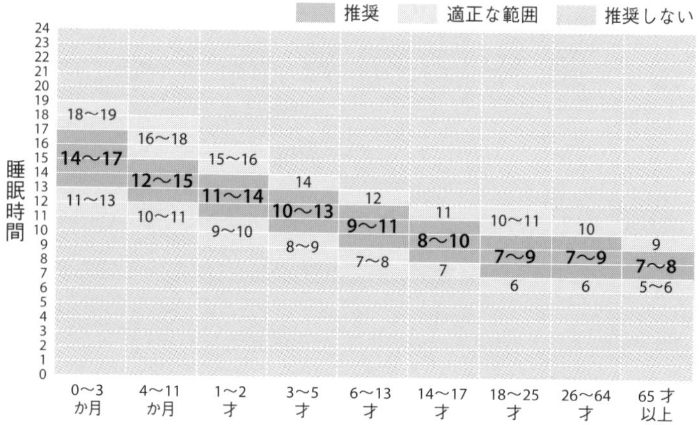

National Sleep Foundation より

質のよい睡眠のための4つのルール

睡眠時間を確保することはスケジューリングでぜひともやっていただきたいのですが、睡眠の質を上げることも重要です。睡眠の質を上げるのに大切なのは、以下の４点です。

・身体を疲れさせる
・入浴から睡眠までの体温を管理する
・ブルーライトを避ける
・就寝4時間前には物を食べない

→肉体疲労で睡眠の質を上げる

肉体が疲れると睡眠が深くなります。ベレミン大学とオレゴン州立大学の研究では、**定期的な運動を、睡眠改善の非薬物療**

法として認めるという報告もあったくらいです。

逆に身体が疲れていないと睡眠が浅くなり、結果として脳の疲労も抜けません。睡眠というのは、脳を休める時間でもありますから、睡眠の質が下がると、いくら睡眠時間をたくさんとっているようでも、脳の認知機能が落ちてしまいます。

現代は、座りっぱなしでSNSやテレビから入ってくる情報の洪水に脳が浸っている状態ですから、脳に老廃物が溜まっています。しっかり身体を動かすことで深く眠り、脳も休ませることが大切です。

体温を管理する

就寝90分前に、40度のお風呂に入浴すると入眠が改善されることは164ページにてお伝えしましたが、寝室の室温もまた睡眠の質を上げるためには大切です。

フランスのリール大学病院の研究では、眠るのに最適な室温は16～19度とされています。眠るときには体温が下がることで脳に睡眠信号が送られて入眠するので、室温が高い、パジャマを厚着する、などは深い睡眠の妨げになってしまいます。

ブルーライトを浴びない

スマートフォンやPCのブルーライトは、睡眠物質となるメラトニンの分泌を抑制してしまいます。162ページでもお伝えしたように、就寝の際には、スマートフォンやタブレットを寝室に持ち込まないように気をつけましょう。そして、少なくとも寝る2時間前にはスクリーンを見るのをやめて、読書に切り替えましょう。

→就寝4時間前には物を食べない

僕は夜8時以降は物を食べないようにしています。**食事をすると、睡眠中に必要な成長ホルモンの分泌機能が妨げられるからです。**熟睡して心身の回復をはかるためには、消化が終わった状態で、睡眠に集中できる身体を目指しましょう。

Point!

例外の日はあっても、就寝時間は基本的に固定しています。それは、1日を気分のままに過ごして「さあ、寝よう」というのは無理だからです。就寝は1日の流れの「最後」なので、締め切りを決めないとどうしてもダラダラと遅くなってしまいます。

そのため、就寝までの一連の習慣を決めることが大切です。僕の場合は夜8時半にタイマーをかけて、そこからは一連の夜のルーティンをすることに決めています。

タイマーが鳴ったら、「お風呂を洗う→お湯を入れる→入浴→髪を乾かす→歯磨き→次の日のジムウェアと水の準備→本をもってベッドに入る」という流れです。

いろいろと試しましたが、いちばん効果を感じたのはアラームをセットして「初動をコントロールすること」でした。

「衝動的な脳」を引き起こさない

多くの人は仕事の帰りには疲れ切っていて、誘惑に負けてしまいます。今日こそは帰ったらアレをやろう、コレをやろう、などと決意しているのに、夜になると同じパターンに陥ってしまうのはなぜでしょうか……？

意志力ではなく、仕組みで戦う

目の前の誘惑に屈するときというのは、あなたの意志が弱いわけではありません。**ストレスホルモンが増えると脳は衝動をおさえられなくなるので、どうしても誘惑に弱くなってしまうのです。**

これを避けるためには、自分の行動や思考を変えていきましょう。

自我消耗を避ける

限界までやって疲れ切った頭になると、衝動的な脳が動き出します。そうなったら流されまいと思っても無理です。抑えようと思っているときは、もう負けが決まったようなものです。

できることとしては、お酒を家に置いておかない、動画を見られないようにWi-Fiの電源を抜いておく、といったように環境的に誘惑を遠ざける以外にありません。**意志の力で衝動と戦うのは無理だからです。**

だから、僕の場合は、クタクタになるまで消耗しないようにしています。追い詰められたら、とにかくその場から離脱。いったん作業を途中でも終わらせるなり、締め切りをのばしてもらうなりして、その場を離れるようにしています。

でないと、その日のプライベート時間までもが台無しになってしまうからです。

Tips!

自我消耗とは別に目の前の誘惑に負けやすくなる状態として、アルコールや薬物の依存症患者は、**「空腹」「怒り」「孤独」「疲労」**の４つがもっとも意志力が低下しやすくなるため注意が必要とされています。これらがいくつか重なったときは、とくに危険だと認識しておきましょう。

休憩で意志力を復活させる

さまざまな研究により、意志力とは、筋肉と同じように鍛えることができ、また使いすぎれば消耗することがわかっています。と同時に、休むことで復活することもわかっています。休息によって回復する筋肉と同じで、休息は意志力にも有効なのです。

仕事で意志力を消耗してしまったときは、衝動に支配される前に、心を許せる人と会話したり、好きなお笑いの動画などを見て笑顔になりましょう。

適切に休ませてあげれば、衝動に耐えられる意志力を回復させることができます。

失うものを意識する

私たちは、「失うもの」を意識すると、誘惑に対して警戒心や危機感を強めることがわかっています。

何か大きな病気をすると、これまでできなかった禁煙が実現できたり、飲酒の習慣をやめることができるのと同じです。

これを続けていたら……とちょっと怖い想像をして、自分にはっぱをかけてみましょう。

「なぜ」を考える

ダイエットの場合は、目の前のお菓子を我慢することで手に入るスリムな身体を思い浮かべるようにすると効果があります。

仕事なら、プレゼンで説得力ある話をして、上司からプロジェクトの承認を得られる自分などを想像してもいいでしょう。「なぜ」それをしなければならないのか、その目的をしっかり意識すると、やる気は回復するのです。

流されやすい脳を引き締める

脳を操縦するには、モチベーションよりも「手順」の方が強力です。

ヴァージニア大学のティム・ウィルソン氏とハーバード大学のダン・ギルバート氏による調査で面白いものがありました。2人は、スーパーに買い物にいく人たちに「空腹かどうか」をたずね、買い物後に実際に何を買ったか見せてもらいました。

すると、「空腹だ」と答えた人たちは予定になかったものを多く買っていました。しかし、次に「買い物リスト」を書いてから入店してもらうと「空腹だ」と答えた人たちも予定外の買い物をほとんどしなかったのです。

つまり「今日はお菓子を買わないぞ!」と「気合を入れて」コンビニやスーパーに行くのではなく、**「買い物リスト」を紙に書いていくことで、自分の衝動脳をおさえることができるのです。**

人は状況にあわせて欲望を叶えようとします。でも、**きちんと計画すれば、衝動もコントロールできます。**

第5章

集中力で時間の密度を上げる

トップスピードの集中力を維持するため
最先端の研究を紹介します。
あなたの1時間は、これまでの3時間以上に匹敵するようになります。

集中力で時間の密度を上げる

人の要求を優先しない

私たちの脳は、実はごくわずか、1～2%の人をのぞいてマルチタスクができません。マルチタスクだとあなたが思っているものは、単なるタスクの切り替えであることがわかっています。

脳は一度に1つのことしか考えられない

スタンフォード大学の神経科学者、エヤル・オフィル博士は、「人間はじつのところマルチタスクなどしていない。タスク・スイッチング（タスクの切り替え）をしているだけだ。**タスクからタスクへとすばやく切り替えているだけである**」と述べています。

試しに、1から10まで数を数えながら会議の議事録をとってみてください。必ずどちらかがわからなくなります。

私たちはどちらも脳の前頭前野を使うような2つのことには、同時に取り組むことができないのです。

そのうえ、タスクからタスクへと切り替える際には、集中力を取り戻すまでに平均約25分かかり、脳のエネルギーをかなり消費してしまうことがわかっています（94ページ参照）。

多くの人は、意識せずに会議の合間にメールをチェックしたり、書類を作成しながらチャットアプリのメッセージをチェックしますが、そのたびに脳は集中をいったんやめ、新しいタスクに集中し直していたのです。

忙しかった気もするし、こんなに疲れているのに、たいしたことができなかったな、と感じた1日はありませんでしたか？

それは、マルチタスクならぬタスク・スイッチングによって、脳の集中を妨げていたからなのです。

深い集中ができないと、脳の認知機能が低下する

さらに怖いことに、こうした**タスク・スイッチングは、脳の機能を衰えさせることがわかっています**。

情報をきちんと理解するクセをつけなければ、常に情報から情報へと切り替えていくのが脳のパターンとなり、理解力も記憶力も低下します。

つまり、私たちに必要なのは、短時間でも1つのタスクに没頭して効率を上げることです。

1つのタスクに没頭すれば、「フロー状態」と呼ばれる深い集中状態が生まれやすくなり、ふだんより能力も高まり、心理的にも充実感を得られることがわかっています。

これはプライベート時間でも同じで、せっかく自分のやりたかったことをやっても、常に気が散っていては満足度が下がってしまいますから、何かをするときには1つのことに集中して取り組むことを意識してください。

→ 人の要求を優先しないと決める

私たちが安易に集中を乱してしまう理由の1つに、「承認欲求」があります。私たちの心の中には「他人から評価されたい」という逆らい難い強い欲求があるため、ちょっとした頼みごとでも、人からの要求を断ることは、とても難しいと感じてしまうのです。

それに、刺激に反応して流されて生きることは、自分の生き方を見つめ直そうとするよりもラクなことです。

つまり、僕がご紹介する、さまざまなテクニックを実行する前に、あなた自身が「**人の要求より自分の欲求を優先する**」「**自分の時間は自分で使い方を決める**」と、決意しなくてはならないのです。

スマホの通知をオフにする

集中を邪魔される一番の要因は、スマートフォンによる通知です。

この小さな機械に振り回される生活にどっぷりつかってしまった私たちは、今や隣に座った見ず知らずの人の着信バイブレーションにまで反応して、集中を途切れさせています。

アプリを整理する

せっかくの集中をスマートフォンの通知で邪魔されないためには、すべての通知をオフにすることです。これは、スマートフォンの設定画面でできます。もちろん、バイブレーションも切ってください。

PCでも同様にすべての通知をオフにすることをおすすめします。とくにポップアップで知らせてくるメールや、お気に入りのブログや動画の更新などは、意識のうえでは無視しているつもりでも必ず集中を途切れさせます。「設定」からまとめてすべての通知をオフにしましょう。

僕は、アップルウォッチを使っていたときでさえ、すべての通知を切って使っていました。アップルウォッチを使っていたのは心拍数を確認したかったからで、ランニングしながら仕事のメールに返信をするためではないからです。

運動の強度と心拍数の感覚がつかめた今となっては、もはやアップルウォッチは使わなくなりました。

また、**通知をオフにしてから、ほとんど必要ないアプリが多数あることに気づきました**。それまでは、とくに緊急性もないのに、SNSやネットニュースを通知がくるたびに見てしまっていましたが、通知がこなければ自分からは開かないし、それでとくに困らないことに気づいたのです。

それなら、電話をかけるたびに目に入る、ホーム画面にびっしり並んだアプリも消せるのではないか？　そんなふうに考えるようになりました。

→ アプリの数を計算してみる

ここで自分が一体いくつのアプリをスマートフォンに入れているのか数えてみましょう。

ほとんどの人は100を超えているはずです。ビックリしますよね？　でも、恐らくほとんどの人は超えています。そのうち、毎日使うものはいくつあるでしょうか？

アプリ分析プラットフォームのデータから作成された「モバイルマーケット白書」（フラー株式会社）によれば、2019年の日本人が所有するアプリは平均99.3個、利用アプリ数は37.5個だそうです。

2週間以上使っていないアプリは、「いつか使うかもしれないから」とか、「何かの資料を見るためにダウンロードしなくては」という理由で入れたのかもしれません。

でも、これからは「いつか便利に使えるかもしれない」ではなく、「今の自分の生活」を便利にするかどうかで考えてください。

本当に、そのアプリは必要でしょうか？

いらないアプリを消す

アプリを減らすには、「デジタル片づけ」という手法が有効です。これは『デジタル・ミニマリスト』という本を書いたジョージタウン大学准教授のカル・ニューポート氏の手法です。手順は次の通りです。

1　30日間のリセット期間を定め、必要でないテクノロジーの使用を休止する
2　30日間のあいだに楽しくてやりがいのあることを新しく探したり再発見する
3　休止期間が終わったら休止していたテクノロジーを再度取り入れ、ひとつひとつ、自分にとってのメリットを認識して最大化できるように使う

つまり、これは**デジタル・デトックスであるとともに、ライフスタイルの再構築**なのです。

スマートフォンの奴隷になるのではなく、自分がどのような人生を送るかを自分で決め、その補助としてテクノロジーを使いこなすために、使う機能を主体的に選択するのです。

このように自分で選択することこそが人生の充実度と大きく

結びついていると同氏は主張します。

僕が現在残しているアプリは下記の通りです。

・地図やSuica、タクシーアプリなどの移動を補助するもの
・カレンダーや天気、検索エンジンなどの調べものアプリ
・メールやMessenger、ZoomやDropboxなどの仕事アプリ
・音楽や英語、レシピ、KindleやTEDなど学習アプリ
・FacebookやInstagramなど情報発信のアプリ
・決済用のアプリ

整理した結果、使いたいアプリはこれしか残りませんでした。そして、それで十分に満足しています。

Point!

削除するかどうか迷っているアプリを消す際には、元の状態のスクリーンショットをとっておくか、消すアプリのメモをとっておくことをおすすめします。「あのアプリが欲しい!」と万が一思ったときにすぐに探せる安心感があるので、消しやすくなるからです（実際にはそんなに必要なアプリはありませんけどね）。

スマホの支配から逃れる

カル・ニューポート氏によれば、デジタル・デトックスを行った人は、家の近所でボランティア活動を始め、エクササイズを定期的にするようになり、本を月に3〜4冊読むようになり、ウクレレの練習も始めたそうです。

かたときも離さなかったスマートフォンを手放してみれば、呪縛から解放されて家族と過ごす時間も増え、子どもとの距離も縮まったというのです。

しかも、退屈を感じたときに習慣的にスマートフォンを手にすることをやめても、スマートフォンを使うことで手に入るメリットが減ったとは感じなかったそうです。

つまり、私たちは、テクノロジーのメリットを享受しているのではなく、多くの場合は単に暇をつぶすために画面を見ているということでしょう。それで受動的に時間を過ごしてしまうのだったら、触らないに限ります。

→スマホに消灯時間をつくる

同氏は、アプリを削除し、いつでも手元に置いておくのをやめるようすすめると同時に、スマートフォンに「消灯時間」をもうけることもすすめています。

午後9〜午前7時までは、電源を落として使わないようにするのです。これなら、いつの間にか時間が吸い込まれて消えていた、ということも起きません。

ニューポート氏の友人の１人は腕時計を購入したという人もいました。なぜなら、ムダな時間を過ごしてしまうきっかけの１つに、時刻を確かめるためにスマートフォンを手にするということがあったからです。

このことからも、**触る、見る、などの単純な接触から受動的な時間が始まってしまうことがわかります**。

私たちはもともと怠け者で、オンラインで友情が深められるならその方がいいと考えがちです。だから、わざわざ子どもが生まれたお祝いに友人の家に駆けつけるよりも、メールでお祝いメッセージを送る方を選びます。

でも、それによって育まれる友情は、現実に会ってお祝いを言うのと比べて大きく劣ります。誰だって、どんな状況でどんな顔をしながらでも、メッセージを送れることはわかっているからです。

そして同時に、スマートフォンは**今目の前にいる人との時間を台無しにしてしまいます**。目の前の相手が深刻な相談をしているときでも、メールの通知音が鳴ったり、スクリーンに通知がきたら、無視できないのが私たちなのです。

人生を自分の手に取り戻すためには、少しスマートフォンと距離を置く必要がありますよね。

そして、もっと自分の目の前にある瞬間を楽しむことに意識的になってみる必要がありそうです。

Plus!

アラーム、買い物のメモ、歩数計算……あらゆる機能が1台に入っているスマートフォンは、今やなくてはならない便利なテクノロジーですが、同時に何をするにも気が散る原因にもなっています。

朝目覚ましを止めればメールが目に入りますし、メモを開こうとすればニュース通知に気づきます。常にメールやメッセージ、SNSの誘惑にさらされているのです。これはすべて、他者があなたの時間を奪ってお金にかえる仕組みです。

だから、ジャンルによっては古典的なアイテムに戻すことも提案したいと思います。アラームは目覚まし時計に。買い物のメモは紙のメモ帳に。歩数計算は万歩計に。

そんな暮らしの方が満足度が高いなんて、数年前の自分は想像もしていませんでしたけどね（笑）。

SNSと距離をおく

『スマホ脳』を書いた精神科医のアンデシュ・ハンセン氏によれば、**現代人は平均1日2600回以上もスマートフォンを触っている**そうです。

彼はさまざまな研究から、「人間がいかに集中力を乱すものに対して弱いか」を知り、驚いたと書いています。

以前は直接会っていた社交の場がオンラインに移行していることもあり、今後もスマートフォンの使用時間はますます増えるでしょう。

テレビや新聞などに使っていた時間が丸ごとスマートフォンに移行しているのです。

依存性の高さを知っておく

アンデシュ・ハンセン氏によれば、**スマートフォンは「最新のドラッグ」と言えるほど依存性が高いそうです**。なぜなら脳は、昔から生き延びるために「新しい情報を知ること」によって、報酬となるドーパミンという快楽物質を出すようになっているからです。

現代はその「新しい情報」をスマートフォンやPCが運んできます。そして、新しい通知をクリックするたびにドーパミンが出るのです。

しかも、ドーパミンは新しい情報を得られる「かもしれない」という期待をしている状況の方が、さらに多く出ます。着信音が鳴ると、「大事な連絡かもしれない」と、どんなときでも手に取ってしまうのはそのためです。

おまけに、SNSでは「いいね！」などの反応もくるために、承認欲求も満たされます。そのため、さらに依存性を強めてしまうのです。

IT界のトップは子どもにスマホを触らせない

SNSは、確かに便利です。昔の同級生や友人と再会できることもありますし、最新の流行も知ることができます。自分が応援したい人の活動を追いかけたり、憧れの人の生活を知ることができたりすると、とても楽しいツールになると思います。

ただ、依存性が非常に高く、危険なものだということを忘れないようにしましょう。

スティーブ・ジョブズ氏は子どものそばにiPadを置くことすらしないと話していたというエピソードもありますし、ビル・ゲイツ氏は、子どもが14歳になるまでスマートフォンを持たせなかったそうです。

アップル社の創業者とマイクロソフト社の創業者がそろって子どもには見せなかったというのですから、その依存性の高さは事実でしょう。

SNSアプリを消す

また、SNSを入口にしてネットサーフィンへと移行してしまうことが多いのも大きな問題です。

そのため、僕はSNSはできるだけ見ないようにして、情報発信専用にしようと決めています。

もちろん、見たい情報があったり、クライアントのチェックなどの必要なものは見ますが、スマートフォンではなく検索エンジンを使ってPCブラウザから見るようにしています。

いちいち手間をかけてまで見たいものかどうか、壁をつくったのです。こうしたひと手間をあえて設けることで、今では途中でメンタル・アラートがなるようになりました。「はい、これをあと数分見続けると今日は終わるよ〜」と自分で感じるようになったのです。

このメンタル・アラートが鳴ったときには、時計を見て、「○分でやめよう」と時間を決めて切るようにしています。

SNSでしかつながっていない友人がいる、という人も多いと思いますが、**自分の生活ペースを変えてまで関係を持ちたい人なのか、そうでないのか、というのも、一度考えてみるのもいいかもしれません。**

深く考えずに「いいね！」を押すのが習慣になってしまうと、相手との関係性と労力のバランスについて、考えなくなってしまうからです。

本当に会いたい友人なら、電話でもメールでも連絡はつけられるはずです。

「考える時間」を奪われない

『デジタル・ミニマリスト』を書いた、カル・ニューポート氏によれば、1995年以降に生まれた若者世代には、ある種の傾向が見られるといいます。

孤独な時間を排除して常時世界とつながっていることで、メンタルヘルスに支障をきたしている若者が増えているのです。

ホームシック、摂食障害、うつなどの症状はもともと10代に多いものですが、とくに**この世代には不安障害が急増しているようです。**

25年にわたって調べている世界的専門家が月刊誌「アトランティック」に発表した記事によれば、「10代のうつと自殺率の急上昇」が認められるそうです。

学生を長年見てきたある有名大学の精神保健センター長はこの現象を、途切れることのないSNSを介したコミュニケーションによって、学生の脳内物質に何らかの変化が起きているのではないかと述べています。

というのも、**キャンパス内で不安障害が急激に増えた時期と、スマートフォンとSNSに育てられた世代の最初の学年が入学した時期が一致していたのです。**

不安に苛まれる若者は、SNSが登場するより前からもちろんいました。

でも、今のようにひっきりなしに刺激にさらされる子どもたちは、**自分の感情を振り返って反省したり、自分にも隠していた本音を考え直したり、自分が本当は何を大切に感じているかを考える時間を奪われたことで、考える能力すら失っているのです。**

とくにSNSでは、日常の中でも特別にいいシーンだけを切り取っています。これをずっと見ていたら、メンタルに不調をきたしたとしても不思議はないでしょう。

そして、これは大人でも同じことが言えるはずです。

強烈な刺激に反応し続けるだけの人生に、充実も幸福もありません。

私たちは、ときには一人になる時間が必要なのです。

またオンライン上の人間関係と違ってリアルで会って話し、相手の表情や声色を読みながら社交する能力は、生存には欠かせません。しかし、常時オンラインでやりとりをする人間関係の中で、多くの大人たちもこの能力を衰えさせているとも言われています。

SNSをやめようとすると、いい情報を見逃すのではないか？　という不安な気持ちが生まれる人もいると思いますが、不快な投稿に心を乱されたり、つらい気持ちになるメッセージを受け取ったりするというデメリットと、自分のための時間が増えるというメリットを比べてみれば、メリットの方が多かったというのが僕の感想です。

見逃して惜しいものは、SNSの中にはありませんでした。

集中筋肉を鍛える

集中力は、鍛えることで高められることがわかっています。「1日のうちでこの2時間は絶対に集中してこれを終わらせる」というような目標を決めて、その枠の中でしっかり集中する訓練をしていきましょう。

まずは気が散るものを視界からなくして、環境を整えましょう（94ページ参照）。

また、同僚から話しかけられたり、電話がかかってくることで気が散ることを防ぐ必要もありますから、オフィスなどで気が散る場合は、一時的に会議室などにこもったり、カフェに移動したりして、物理的にシャットアウトしましょう。

時間を区切る

いい環境を手に入れたら、時間を区切って1つのことに集中する練習をスタートしましょう。決めた時間のあいだは集中力が途切れたとしても、それ以外の作業に手をつけてはいけません。

最初のうちは、ついメールをチェックしたくなったり、急に思い出した案件を処理したくなると思いますが、注意をもとに戻してください。この葛藤こそ集中脳を鍛えてくれるのです。

とにかく我慢。大きく深呼吸して、もう一度意識を戻して作業を続けます。

もちろん、スマートフォンもカバンにしまうなどして、目に入らず、手が届かない場所、そしてバイブレーションの着信も聞こえないところに置きましょう。

自分にとってのリズムを決める

さまざまな説がありますが、**一般的に人間の集中力は深い集中では15分、ゆるい集中でも最大90分までしかもたないと言われています。**

僕の場合は「60分集中して作業し、10分休憩する」というタイムスパンが一番やりやすいのですが、人によって違うと思いますので、タイマーをセットしながら時間を変えて試してみてもいいと思います。

いずれにしても**休憩を挟むことで脳を休めながらでないと、集中力が落ちてパフォーマンスが下がりますので、時間を区切ることはとても大切です。**

初心者におすすめなのはポモドーロ・テクニック

いきなり集中力が60分ももたないという方には、ポモドーロ・テクニックから始めることをおすすめします。

ポモドーロ・テクニックとは、イタリア出身のコンサルタントのフランチェスコ・シリロ氏によって考案された時間管理術で、**タイマーを使用して25分の作業と短い休息を1セットにする方法**です。多くの人は休憩時間を5分と決め、1セットを

30分に設定しています。

このセットを繰り返しながら作業を進めていくことで、消耗しすぎることなく、結果的に長く重要な仕事に集中できるのです。ちなみに4セット終えたら30分休憩していいことになっています。

1セット＝1ポモドーロ
4セット終えたら30分休憩していい

ふだんの仕事スタイルが、自分のタスクとメールチェックを並行して行っていたり、常に同僚から話しかけられながら仕事をするような環境に慣れている人にとっては、25分間たった1つのことに集中するのは長いように感じるかもしれません。

でも、リズムをつかめれば集中している状態は快感でもあります。終わると脳がすっきりしたような感覚も得られますので、ぜひ試してみてください。

→「あとちょっと」を繰り返す

ポモドーロ・テクニックを実践するのに便利な「Focus To-

Do」というアプリもおすすめです。今日やるべきことをタスク欄に書き出し、スタートボタンを押すと自動的に25分間のカウントダウンが始まります。25分たつと「チンッ」というベルの音とともに今度は「休憩5分」というスタートボタンが表れるので、ボタンを押すと、5分間のカウントダウンが始まります。これを繰り返すだけで集中が持続するのです。

だいたい25分ではキリがいいところまでいかないので、早く次がやりたくなって、そのまま何セットも続けられるのがポイント。いちばん忙しかったときには、24セットやったこともあり、自分でも驚きました（笑）。

Tips!

休憩のあいだも、時間内はできるだけスマートフォンを触らないことをおすすめします。休憩は脳を休ませるためにあるので、別の刺激で脳を活性化するのは得策ではありません。少し伸びをして筋肉をゆるめたり、その場で深呼吸してリラックスしてもいいでしょう。

僕がよく行うのは、その場で軽くジャンプしたり、足踏みをすることです。じっと座っていた身体を動かすと、血流が改善して脳に酸素が送られるので、さらにその後の作業の効率が上がるように感じます。

集中力は筋肉のように鍛えられる

集中力というのは筋肉のように鍛えることができますが、筋肉をトレーニングしていくときと同じように最初はキツく感じますし、かといって使わなければ衰えていきます。

ずっとマルチタスクばかりで１つのことに集中してこなかった人にとっては、久しぶりのジム通いのように困難に感じることもあるかもしれません。

でも大切なのは、**「なんにでも集中力のある人」**はいないということです。本を読む集中力はあっても、資料を読む集中力がない、と言う人もいれば、料理に集中力はあっても、人生について深く考える集中力がない、という人もいるでしょう。

それは、生きてきた過程で**「何に集中する訓練を積んできたか」**によって差が出ているのです。

だから、これから集中したい項目を選んで鍛えれば、資料を読む集中力も、人生について深く考える集中力も、必ず身につきます。

最強の集中力が身についたら、仕事だけでなく趣味や遊びの時間も、何倍も楽しめるようになるはずです。

集中力で時間の密度を上げる

深呼吸で酸素を取り込む

脳が疲れたときには、深呼吸が有効です。脳は酸素不足になるとぼんやりしてくるので、深呼吸をして酸素を脳に届けましょう。

「スクリーン無呼吸症候群」に気をつける

「スクリーン無呼吸症候群」とは、マイクロソフトのリサーチャーを務めたのちにワイヤード誌やニューヨーク・タイムズ紙などでライターを務めるリンダ・ストーン氏が提唱したものです。

スマートフォンやパソコンの画面を見ていると、人は反射的に呼吸が浅くなったり息を止めてしまう傾向があり、調査によればアメリカ人の約８割もの人が当てはまっていると言われています。

呼吸が浅くなる理由は、スクリーンをのぞく際、多くの人が猫背になっていることによると考えられます。**猫背になると、肺活量が最大で30%も減ってしまうことがわかっており、酸素不足によって脳の認知機能が落ちてしまうのです。**

また、スクリーンから出るブルーライトによって、脳が覚醒してしまって、心拍数が上がったり、呼吸が浅くなってしまうことも指摘されています。

姿勢に気をつける必要があるのはもちろんですが、作業中は自分では気づきにくいもの。そのため、定期的に背筋を伸ばして深呼吸をし、脳に酸素を送る必要があります。

長く習慣にするほど効果が出る瞑想

また、瞑想も集中力アップに非常に有効であることは多くの専門家が指摘しています。

グーグル社をはじめとしてシリコンバレーでも瞑想が流行っていたことはよく知られていますが、実際に、瞑想を長く続けていると集中力が高くなるというエビデンスがあります。

心理学者であり神経科学の世界的権威でもあるリチャード・デビッドソン氏がハーバード大学の在学中に行った実験では、瞑想の経験がある人を集め、経験年数の異なる58人の被験者を集め、その違いを調べました。その結果、**「瞑想の経験年数が長い人ほど不安感が少なく、物事に対する集中力が高い」**ということがわかったのです。

朝の瞑想が効果的なことはもちろん、疲れてきたときに数分でも瞑想すると、集中力が戻ってくるそうです。

→「1分瞑想」でも回復できる

僕は、頭が疲れてきたと感じると1分間タイマーをスマホでセットして、目を閉じて深呼吸だけに意識を集中する時間をもちます。

さほど疲れていなくても、「これからヘビーなことをやるぞ」というときや、意識が散漫になっていると感じたときに試しても、ぐっと集中力やモチベーションが上がるのを感じます。

ポーズにはとくにこだわらず、オフィスであれば、椅子に座って、膝の上に手の平を上にして置き、骨盤を立たせて座って、ゆっくりと深呼吸をすればOKです。

うまく集中できないときには、Apple Musicで「ピースフルミュージック」というプレイリストを再生しながら目をつむり、**ただただ音に意識を預けて頭を空っぽにする**ようにします。これだけでも、目を開けたときにはずいぶんスッキリしていることを感じられます。

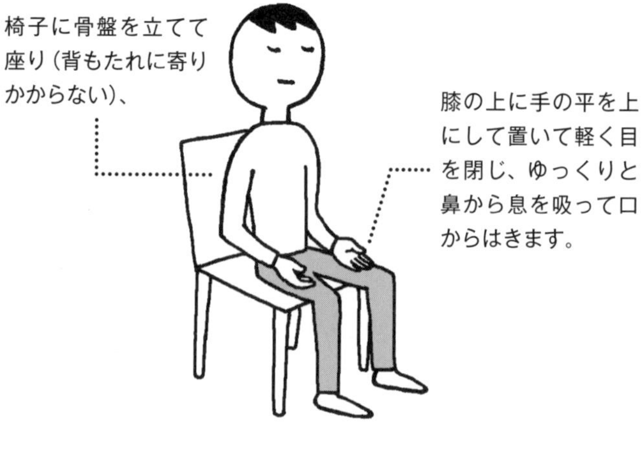

日々の一瞬のきらめきを見ているか？

ピューリッツァー賞を受賞したワシントン・ポスト紙のジャーナリストであるジーン・ウェインガーテン氏が面白い社会実験を行ったことがありました。

それは、アメリカの首都であるワシントンの朝のラッシュ時の地下鉄の駅で、Tシャツにキャップといった出で立ちの若者にヴァイオリンを演奏させ、隠しカメラで通り過ぎる人の反応を見るというものです。

演奏はクラシックの6曲で、演奏時間は43分におよび、彼の前を通った人は1000人を超えました。けれど、**1分ほど足を止めた人ですら、わずか7人**。子どもは皆立ち止まって聞こうとしましたが、全員親に急かされて立ち去っています。

ところが、実は彼はかつて神童とうたわれた有名な演奏家のジョシュア・ベルであり、弾いていたのはヴァイオリンの難曲として知られるバッハの「シャコンヌ」であり、ヴァイオリンにいたっては、350万ドルもするというストラディバリウスだったのです。

数日前のコンサートで、いい席の人は彼の演奏に100ドルも払ったそうですが、場所が違えば足を止めた人はたった7人でした。

もちろん、これは極端な例で、少々意地悪かもしれません。でも、日本で同じことが行われたとき、「自分はわかる！」と、どれだけの人が言えるでしょう。

私たちは、時間に追われるあまり、まわりにある素晴らしいものを見逃している可能性があると、改めてわかりますよね。

何かに追われている限り、私たちは見逃し続ける人生を送ります。瞑想や深呼吸で気持ちを落ち着けて、人生にたくさん転がっている貴重な一瞬に気づきましょう。

目の前のことに追われていたら、ちょっと時間をとって瞑想や深呼吸。それを習慣にするだけでも余裕が生まれます。

Point!

瞑想というと難しく感じたり、雑念を捨てて集中しなければいけない、と考える人も多いと思いますが、とくに夕方の瞑想はあまりこだわらなくてもいいんじゃないかと僕は考えています。

雑念が浮かんでもとくに意識せず、「あ、雑念だな」と思っておく。そして、また息をゆっくり吸って、ゆっくり吐く。これを時間まで繰り返すだけで十分スッキリするんです。

→ ポーズでメンタルを変える

また、瞑想とはちょっと違いますが、動的な気分転換として、ポーズを変えるという裏技もあります。

ハーバード・ビジネススクールのエイミー・カディ教授の研究によると「パワーポーズ」といって、**自分が何かを達成した**

ときの喜びを表すポーズをとると、エネルギー値が増えることがわかったのです。

代表的なものを1つご紹介しましょう。

足を肩幅に開いて立ち、腕を腰に当てて胸を開き、顎をやや上に上げてみましょう。そして何かをやり切った後のように大きく息を吸って吐くのです。三呼吸くらいすると、元気になってきませんか？

メンタルを病むと身体が影響を受けるように、身体からメンタルに影響を与えることもできます。パワフルなポーズをとることで、メンタルにもパワーが戻ってくるのです。

ちなみに、このパワーポーズは自信やリーダーシップなどのカリスマ性までアップするというおまけつきですので、同氏は毎朝やることをすすめていますが、僕は、脳が疲れを感じたときにやるのが一番効果を感じます。

午後のリセット散歩で脳をまわす

どんなに睡眠をたっぷりとっていても、やっぱり午後になると、脳が疲れてきて集中力が落ちてきますよね。そんな脳をブーストしてくれるのが、午後の散歩です。

歩くことにはこれだけの効果がある！

研究では、散歩をすることによって脳の機能が向上することが確認されています。

スタンフォード大学博士課程のマリリー・オペッゾ氏が、TEDで興味深い研究を発表しています。その実験では、被験者を3グループに分けて、創造的なアイデアを試すテストを2回受けてもらいました。

1つ目のグループは、ルームランナーで歩きながら2回のテストを受けます。

2つ目のグループは、1回目はルームランナーで歩きながら、2回目は座った状態で受けます。

3つ目のグループは、2回とも座った状態で受けます。

結果は、**歩きながら受けたグループはずっと座っていたグループに比べて、2倍のアイデアが生まれたというものでした。**ただし、1回目は歩きながら、2回目は座りながらテストを受けたグループと、2回とも歩きながら受けたグループとの差はあまり出ませんでした。

このことから、**一度歩くと脳の活性化が一定時間続くことがわかります。**

また、心理的にもよい影響があり、**不安が軽減され、ストレスが軽くなり、幸福度がアップする効果が認められています。**

おまけにダイエットにも有効で、心臓病の予防や血圧を下げるという健康効果もあるのですから、プラスにこそなれ、歩くことにマイナスの影響は一切見られません。

毎日歩く時間を決める

散歩や軽いジョギングは、20分程度がもっともよいとされていますが、10分でも大丈夫です。わざわざ散歩の時間をつくらず、ランチのお店まで少し遠出するだけでも歩く時間をつくることはできますよね。

1時間歩くとなると大変ですが、10～20分程度の時間であれば、誰でもつくれるはずです。毎日のスケジュールに合わせて時間を決めておくと、習慣として続けやすくなります。

僕の場合は、ランチをとった後に軽く近所を歩くようにしています。スケジュールに入れるまでもないような10分程度の時間ですが、**ランチの消化で血糖値が上がって眠くなるのを防ぐことができる**からです。

グーグル社員も行う歩行瞑想

歩くことで「歩行瞑想」を行うこともできます。

グーグル社の社員研修プログラムSIY（Search Inside Yourself）でも実践されていて、これは瞑想のように「歩くことだけ」に神経を集中させるのがポイントです。ゆっくり歩きながら、手の動き、足の感覚などに意識を集中させるのです。少し歩くとまた雑念が入ってきますので、再び意識を歩くことに集中させることを繰り返します。

これによって、集中力を鍛えることができるのです。

ただただ歩くことを楽しむ

とはいえ、歩行瞑想は高度なテクニックと集中力を要するので、ただ楽しみながら歩くだけでも十分です。

歩いているときには、目に入るものに刺激を受けて「天気がいいな」とか「風が冷たいな」とか、ただ純粋に「今」を感じることができるからです。**今だけを感じていると、未来の不安から解き放たれてストレスが軽減します。**

哲学者のカントは毎日1時間かけて街を散歩することが日課でした。必ず午後の決まった時間に通るので、街の人はカントの姿を見て時計の針をあわせたという逸話も残っています。

ほかにも、アリストテレス、ニーチェ、フロイト、ディケンズ、ベートーベンなど、多くの思想家やアーティストたちが、日常的に散歩をしていました。ニーチェは、「偉大な思想はすべて散歩から生まれた」という言葉まで残しています。

近年の研究では、科学的にも散歩の効果が認められ、とくに自然の中を歩くと脳に生理学的変化が起き、イラだちやストレスが減り、瞑想しているような脳の状態になって、よりクリエイティブな発見が生まれるようになることがわかっています。

Quotes!

「わたしの場合、少なくとも1日4時間、たいていはもっと長時間に及ぶが、世事から離れて、森、丘、野原を歩き回らないと、心身の健康は保てないだろう」

——ヘンリー・デイヴィッド・ソロー

疲れてきたら席を立って歩きまわる

午後に散歩する以外でも、疲れてきたときの休憩としてぶらぶら歩くのも十分に効果があります。社内をぶらぶらしてもいいですし、1階まで下りて階段で上るなどしても気分転換になるうえに血流もよくなり、エネルギーがブーストされます。

脚は第二の心臓とも呼ばれ、重力によって下半身にたまりがちな血液を心臓に戻すポンプの役割をしています。つまり**足を動かすことで血流を改善し、脳に酸素を届けることができるのです。**

ガムを噛む

席を立って散歩にでかけるのが難しいという仕事の場合は、ガムを噛むのも有効です。セロトニン研究の第一人者、有田秀穂教授によれば、**噛むことを含めたリズム運動は、セロトニンという癒しのホルモンを出すことがわかっており、ストレスを**

軽減してくれます。

ドイツ南部のある小学校では、授業中にガムを噛むことを教師が推奨しているそうです。もちろんストレスを緩和し、集中力を上げるからです。

Point!

セントローレンス大学の心理学者チームの行った実験では、159人の学生に、任意の数字が繰り返される難しい論理的パズルを解読させるテストを実施しました。この際、全体の半分の学生にだけ、ガムを噛みながらテストを受けてもらったのです。
結果、ガムを噛んだ学生は、噛まなかった学生よりも、6つのテストのうち5つで驚くほどパフォーマンスが上がったという結果になりました。
この実験を見ても、集中力とガムを噛むことの間には深い関係があるといえるでしょう。

→生活のメリハリにする

ちなみに、イギリスで行われた調査では、新型コロナウイルスの流行にともなってリモートワークせざるを得なくなった人たちのストレスは「仕事とプライベートを分けることができていない」ことから生まれているとわかりました。

そこでイギリスの国民保健サービス（NHS）では、仕事の始めと終わりに「疑似通勤として、20分前後のウォーキング」をすることをすすめています。

新鮮な空気を取り入れることで、気分に大きな影響があるうえ、太陽の光を目に取り込むことで、体内時計が整えられるからです。

リモートワークなどで気分の切り替えがうまくいかないときのスイッチとしても、散歩は役に立ちそうです。

フロー状態をつくりだす

集中力の最高到達点といえば、「フロー状態」です。

フロー状態とは、心理学者のミハイ・チクセントミハイ氏の考案した言葉で、**寝食を忘れ、あることに夢中になっている状態**を表す、究極の集中状態です。

スポーツ選手などのインタビューで聞いたことがある人も多いかもしれません。

これを自分でつくりだすことができたらどんなにいいでしょうか。

究極の集中で起こること

フロー状態とピークパフォーマンスについて調べたスティーヴン・コトラー氏とジェイミー・ウィール氏によれば、「ゾーン（フロー状態）に入ると集中力が極限まで高まり、ほかの一切のものが消えうせる」。また、「心身両方のあらゆるパフォーマンスが、限界を超えて高まってゆく」そうです。

疲れや空腹などの身体的な感覚や、お金や健康についてずっとあったはずの不安も消え、時間の感覚も消失します。人間の注意力には限界があり、フロー状態では、目の前の作業に没頭しているので、それ以外に注意力を割く余裕がなくなってしまうからです。

また、脳の前頭前野が沈黙し、自分に対する批判的な思考もストップするそうです。自分に対して誰よりも手厳しいのは、自分ですよね。「どうせまた失敗するさ」とか、「いつもビビってるから成功できないんだ」とか、時々心の中に生まれてしまう自分に対する否定的な考えが一切消えるのです。

こうしたマイナス思考や不安感はしばしば集中を邪魔します。これらが消えたらどんなに目の前のことに集中できるか、想像しただけで理想の状態ですよね。

フロー状態が生まれる条件

チクセントミハイ氏によれば、フロー状態が起きる条件としては、下記のような要素が挙げられるそうです。

・やや困難なことにチャレンジしていること
・高度なスキルを使うこと

これは、ピアノの演奏やスポーツをはじめとして、趣味に没頭している状態そのものでしょう。ゲームなども、この感覚を応用して、人がハマるようにつくられています。

これを自分で仕事に応用するのです。

→ 直近の達成可能な目標をしっかり定める

1週間のスケジュールは組み立てたとしても、今日1日の目標も仕事を始める前にしっかり見返しましょう。自分がクリアすべき課題をきちんと認識することで、モチベーションが上がります。また、帰りの時間も先に決めてしまうことで「締め切り効果」によって集中力が上がりますから、他のことを忘れて課題を終えることだけに没頭しやすくなります。

自分の仕事の意義を考え直す

あなたは自分の仕事が好きですか？　誰のどんな役に立っていると思いますか？　もしもすぐに答えられないときには、もう一度考えてみましょう。

自分がやっていることに価値があると思えるかどうかも、フロー状態を後押しする大切な要因になります。

チャレンジをする

仕事に慣れすぎている場合、「また同じ毎日か〜」と感じてしまうことがあるかもしれません。でも、**感動を失ったり、退屈を感じるのは、フローの対極にあります**。簡単すぎることをしていては、フローには入れないのです。

フロー体験は、少し難しいと感じるようなことにチャレンジしているときに起こります。ときには新しいことに挑戦してみましょう。

成長を続ける

楽器演奏でもスポーツでも、楽しむにはある程度のスキルが必要になりますが、それは仕事でも同じです。フロー体験についてはとりわけ必要です。

チクセントミハイ氏も、TEDトークで「自動的で自発的なフローを体験するには、ある程度の技術が必要である」と述べています。

つまり、**フロー体験を手にするには、自分が成長し続けることが必要なのです**。惰性ですることに楽しみはありません。ぜひ苦労も楽しみに変えて成長を手にしてください！

フロー体験は、単に仕事のうえでパフォーマンスを上げるためのものではありません。フロー体験はまぎれもない快感なのです。脳内ホルモンがバシバシ出て、没頭しきった後の幸福感は、過去の部活動や勉強中などに誰しも経験したことがあるのではないでしょうか。

フロー体験は、科学的にも幸福感を高めるものとして知られています。また、それを体験することで、新たな気づきを得てアイデアがわいたり、前向きになったり、明日への活力につながることもわかっています。

最初は趣味の世界からでもいいので、究極の集中を自分で操れるようなチャレンジをしてみましょう。

Plus!

グーグル社では、このフロー状態を体験するために、世界最大の奇祭と呼ばれるバーニングマンに参加することを会社として奨励しています。バーニングマンとは1年に1回、アメリカのネバダ州の砂漠で行われる祭典で、参加者は衣服、飲食物、テントなどの必要なものをすべて持参し、1週間砂漠で過ごします。

その間、何をしても自由。社会的地位もお金も関係なく、ただただ好きなことをし、その場の人々と協力してやりたいことをして過ごすのです。インターネットで「バーニングマン」と検索すればわかる通り、参加者は衣装も工夫を凝らし、テントもオシャレに飾り付けて、お祭り騒ぎをするようです。

テスラモーターのCEO、イーロン・マスク氏も「バーニングマンに行ったことがないなら、シリコンバレーの住人とは言えない」とまでいっており、参加することで最高の体験ができるうえ、クリエイティビティが飛躍的に向上すると言っています。

グーグル社の創業者のラリー・ペイジ氏とセルゲイ・ブリン氏は、毎年必ず参加しているそうです。

※2020年はパンデミックの影響でヴァーチャル開催だったそうです。

おわりに

最高の人生は今から始まる

人が亡くなるときに、もっとも後悔することは、「もっと仕事の時間を減らして自分に正直に、そして大切な人と一緒にいればよかった」だそうです。

本書は、そんなふうに感じる人を少しでも減らそうと思って書きました。

この本を通してあなたの時間は大きく増えたはずですが、それだけでなく、これからの人生がアップグレードしていく6つの理由をご説明しましょう。

1 健康になる

タイムマネジメントがうまくなると、自然と朝の時間を有効活用したり、生活のリズムを整えたり、食事に気を配ったり、エクササイズをしたりするので、健康度が飛躍的にアップします。

② 人生の優先順位が明確になる

タイムマネジメントをすると、「自分にとって本当に大事なこと」を優先するようになります。結果として、「大事なことをやり残している」というストレスから解放され、感情がとても穏やかになります。また、時間の使い方を考えると、人生をコントロールできている感覚が得られます。すると、さらに気分が安定します。

③ 人間関係が整理され、大切な人と近くなる

タイムマネジメントを改善すると、家族との時間や、プライベートの時間を先に確保できるようになります。大切な人と一緒にいる時間は相手に集中できるし、気持ちに余裕があるから感情的なケンカも減るでしょう。

一方で、「過ごしたくない人」との時間を見直して減らすことで、人間関係がよくなるのです。

④ 成長する

この本でわかるように、タイムマネジメントとは長時間働くことではありませんし、時間を切り詰めることでもありません。24時間すべてを自分のために使おうと決めて、どんなタスクも「自分のため」に頑張るのが本書のタイムマネジメントの醍醐味。

自分にとって大切なものに全力で集中するスケジュールを生きることで、目的意識も上がり、自分がどんどん成長していきます。

❺ 経済的なことを考える余裕が出る

幸せな人生はお金では買えませんが、人生において、お金はとても大事な役割を果たします。でも時間に追われていると、投資や節約、キャリアの転換時期を考えることや、資格取得に副業、起業独立など、収入アップに必要なことがどうしても後回しになってしまいます。

収入アップにつながる行動をできるようになったり、将来のことを考える余裕を生むタイムマネジメントは、あなたの経済状況に直結します。

6 幸せな人生を創り出す

誰にでも等しく流れている時間。これを物理的に増やすことはできませんが、「与えられた時間の中で何をするか」を僕らは選ぶことができます。

1日24時間、1週間で168時間、この中で行う活動を、ひとつひとつ具体的に見直してより良い物に取り替えていくことで、幸せな人生をつくることができます。

新型コロナウイルスによる世界的なパンデミックは、それまで当たり前だった日常生活を破壊しました。多くの人が出かけることなく、落ち着くまでじっと我慢して待つ、消極的な小さな円の中で過ごさざるを得なくなっているように感じます。この状況に不安やストレスを感じている人は多いことでしょう。

でも、自分の時間の使い方を見直すことで、新しいことを試してみる時間のスペースはつくれるはずです。
「なんだ、まだまだ試していないことがたくさんあるじゃないか!」そう思ってもらえたら、著者として、とてもとても嬉しいです。

最後になりましたが、編集の白井さんにはたくさんの助言とサポートをしていただきました。ありがとうございました。

池田貴将

■ 参考文献一覧

1章

『Good habits bad habits』Wendy Wood（Macmillan）
http://www.oecdbetterlifeindex.org/topics/work-life-balance/
https://www.ncbi.nlm.nih.gov/pmc/articles/PMC1333957/
https://www.nbcnews.com/better/health/what-happens-your-brain-when-you-binge-watch-tv-series-ncna816991
https://www.researchgate.net/publication/24207426_The_Contribution_of_Active_and_Passive_Leisure_to_Children%27s_Well-being

『スタンフォード式人生を変える運動の科学』ケリー・マクゴニガル著、神崎朗子訳（大和書房）
『やってのける――意志力を使わずに自分を動かす』ハイディ・グラント・ハルバーソン著、児島修訳（大和書房）

2章

『ワーク・シフト――孤独と貧困から自由になる働き方の未来図』リンダ・グラットン著、池村千秋訳（プレジデント社）
『ずっとやりたかったことを、やりなさい。』ジュリア・キャメロン著、菅靖彦訳（サンマーク出版）
『ファスト&スロー――あなたの意思はどのように決まるか?』ダニエル・カーネマン著、村井章子訳（早川書房）
『ニコマコス倫理学』アリストテレス著、高田三郎訳（岩波文庫）
『うつは手仕事で治る!』ケリー・ランバート著、木村博江訳（飛鳥新社）
『WILL POWER　意志力の科学』ロイ・バウマイスター&ジョン・ティアニー著、渡会圭子訳（インターシフト）
https://www.dhbr.net/articles/-/4307

3章

『第1感――「最初の2秒」の「なんとなく」が正しい』マルコム・グラッドウェル著、沢田博訳、阿部尚美訳）（光文社）
『脳を活かす勉強法――奇跡の「強化学習」』茂木健一郎著（PHP研究所）
『天才科学者はこう考える――読むだけで頭がよくなる151の視点』ジョン・ブロックマン著、夏目大&花塚恵訳（ダイヤモンド社）
『結果を出せる人になる!――「すぐやる脳」のつくり方』茂木健一郎著（学研プラス）

『気がつくと机がぐちゃぐちゃになっているあなたへ』リズ・ダベンポート著、平石律子訳（草思社）
https://onlinelibrary.wiley.com/doi/abs/10.1111/1467-9817.12269
https://www.epochtimes.jp/p/2017/01/26581.html
『あなたの生産性をあげる8つのアイディア』チャールズ・デュヒッグ著、鈴木晶訳（講談社）
http://www.journals.uchicago.edu/doi/abs/10.1086/691462
『瞬間モチベーション』シャンタル・バーンズ著、藤原朝子訳（ダイヤモンド社）
『成功するにはポジティブ思考を捨てなさい』ガブリエル・エッティンゲン著、大田直子訳（講談社）
『残酷すぎる成功法則』エリック・バーカー著、橘玲監訳、竹中てる実訳（飛鳥新社）
『しあわせ仮説』ジョナサン・ハイト著、藤澤隆史&藤澤玲子訳（新曜社）
『超一流になるのは才能か努力か?』アンダース・エリクソン&ロバート・プール著、土方奈美訳（文藝春秋）
『SINGLE TASK一点集中術――「シングルタスクの原則」ですべての成果が最大になる』デボラ・ザック著、栗木さつき訳（ダイヤモンド社）

4 章

『人生を変えるモーニングメソッド』ハル・エルロッド著、鹿田昌美訳（大和書房）
『The 5 AM Club』Robin Sharma著（HarperCollins Publishers）
TED　Dolly Chough:How to let go of being a 〝good〟 person and become a better person
https://www.ted.com/talks/dolly_chugh_how_to_let_go_of_being_a_good_person_and_become_a_better_person/transcript
『自律神経をリセットする太陽の浴び方』有田秀穂著（山と渓谷社）
『一流の頭脳』アンダース・ハンセン著、御舩由美子訳（サンマーク出版）
『脳を鍛えるには運動しかない!』ジョン・J.レイティ&エリック・ヘイガーマン著、野中香方子訳（NHK出版）
https://positivepsychology.com/neuroscience-of-gratitude/
https://www.nhk.or.jp/kenko/atc_1133.html
『脳を最適化する――ブレインフィットネス完全ガイド』アルバロ・フェルナンデス、エルコノン・ゴールドバーグ、パスカル・マイケロン著、山田雅久訳（CCCメディアハウス）
http://news.bbc.co.uk/2/mobile/uk_news/magazine/8233850.stm
https://www.sciencedaily.com/releases/2009/09/090901082851.htm
『頭のいい人が「脳のため」に毎日していること』トッド・カシュダン著、茂木健一郎訳（三笠書房）
『スタンフォード式疲れない体』山田知生著（サンマーク出版）
『スリープ・レボリューション――最高の結果を残すための「睡眠革命」』アリアナ・ハフィントン著、本間徳子訳（日経BP）
https://www.bustle.com/p/7-times-you-should-never-take-a-nap-no-matter-what-67601
https://www.health.harvard.edu/mind-and-mood/napping-boosts-sleep-and-cognitive-function-in-healthy-older-adults
https://kaken.nii.ac.jp/ja/file/KAKENHI-PROJECT-18603010/18603010seika.pdf

『時間術大全 ── 人生が本当に変わる「87の時間ワザ」』ジェイク・ナップ、ジョン・ゼラツキー著、櫻井祐子訳（ダイヤモンド社）
https://www.healthline.com/nutrition/caffeine-and-exercise
『FUTURE INTELLIGENCE ── これからの時代に求められる「クリエイティブ思考」が身につく10の習慣』スコット・バリー・カウフマン&キャロリン・グレゴワール著、野中香方子訳（大和書房）
『最新の科学でわかった！　最強の24時間』長沼敬憲著（ダイヤモンド社）
https://www.mayoclinic.org/healthy-lifestyle/nutritionand-healthy-eating/in-depth/caffeine/art-20045678
『選択の科学 ── コロンビア大学ビジネススクール特別講義』シーナ・アイエンガー著、櫻井祐子訳（文藝春秋）
『スタンフォード式　最高の睡眠』西野精治著（サンマーク出版）
『元気な脳をとりもどす』ダニエル・G・エイメン著、早川直子訳（NHK出版）
https://blog.trello.com/why-you-cant-focus-on-anything-plus-how-to-fix-it.

5 章

https://studyhacker.net/screen-breathing
https://www.pretty-online.jp/news/1804/
『デジタル・ミニマリスト ── 本当に大切なことに集中する』カル・ニューポート著、池田真紀子訳（早川書房）
『スマホ脳』アンデシュ・ハンセン著、久山葉子訳（新潮新書）
毎日新聞　2021年1月4日記事「スマホ脳」強い依存性に警鐘
『脳には、自分を変える「6つの力」がある』リチャード・J.デビッドソン著、シャロン・ベグリー著、茂木健一郎訳（三笠書房）
『〈パワーポーズ〉が最高の自分を創る』エイミー・カディ著、石垣賀子訳（早川書房）
TED　Marily Oppezzo: How Can Taking A Walk Spark Creative Ideas?
https://www.npr.org/2019/05/10/719573708/marily-oppezzo-how-can-taking-a-walk-spark-creative-ideas
https://www.itmedia.co.jp/bizid/articles/1311/05/news023_2.html
https://www.lifehacker.jp/2011/12/111201gumeffect.html
https://www.bustle.com/wellness/a-fake-commute-couldbe-the-answer-to-wfhs-biggest-pitfalls
TED　Mihaly Csikszentmihalyi : Flow, the secret to happiness
https://www.ted.com/talks/mihaly_csikszentmihalyi_flow_the_secret_to_happiness
『ZONE ── シリコンバレー流科学的に自分を変える方法』スティーヴン・コトラー&ジェイミー・ウィール著、野津智子訳（大和書房）

池田貴将（いけだ・たかまさ）

株式会社オープンプラットフォーム代表取締役。早稲田大学卒。在学中にアメリカへ行き、コーチング・目標達成・モチベーション理論を学び、起業。科学的根拠に基づいた独自メソッドが人気となり、年間1万人以上がセミナーに参加する。上場企業経営者、テレビタレント、ベストセラー作家など著名人も参加し、わかりやすくビジネスでもプライベートでも結果が出ると口コミで広まっている。
オンラインサロン「図書館」、会員制コワーキングスペース「Second Quadrant」、オンラインスクール「チェンジ・ザ・ワールド・カレッジ」、「アイデア・ストック」ノートの開発など、精力的に活動を行っている。著作は現在10冊、『覚悟の磨き方　超訳 吉田松陰』『図解モチベーション大百科』（サンクチュアリ出版）をはじめとして、累計50万部を突破。講演・寄稿・テレビ出演なども多数行っている。

公式ホームページ: https://ikedatakamasa.com/
インスタグラム: takamasa_ikeda
YouTube:池田貴将公式チャンネル

24時《じ》間《かん》すべてを自《じ》分《ぶん》のために使《つか》う
タイムマネジメント大《たい》全《ぜん》

2021年3月25日　第1刷発行
2021年5月20日　第3刷発行

著　者	池《いけ》田《だ》貴《たか》将《まさ》
発行者	佐藤　靖
発行所	大《だい》和《わ》書房
	東京都文京区関口1-33-4
	電話　03-3203-4511
カバーデザイン	山之口正和(OKIKATA)
本文デザイン	山之口正和+沢田幸平(OKIKATA)
イラスト	富永三紗子
DTP	CAPS
本文印刷所	シナノ
カバー印刷所	歩プロセス
製本所	小泉製本

ISBN978-4-479-79740-1

http://www.daiwashobo.co.jp